AMERIKA

KÜCHEN DER WELT

AMERIKA

ANGELA G. GRANT

Originalrezepte aus den USA
und Interessantes über Land und Leute
Rezeptfotos: FoodPhotography Eising

Kanada

Washington

Oregon

Idaho

Montana

Nord-dakota

Minnesota

Uberer See

Michigan

Wisconsin

Huronsee

Ontario-see

Maine

1 2

3

4 5

New York

I

Pazifischer
Ozean

VII

Nevada

Utah

Wyoming

V

Süddakota

Nebraska

Iowa

IV

Illinois

Indiana

Ohio

Pennsylvania

6

8 7

West
Virginia

Atlantischer
Ozean

Kalifornien

Colorado

Kansas

Missouri

Kentucky

Virginia

Arizona

New
Mexico

VI

Oklahoma

Arkansas

Tennessee

Nordkarolina

Süd-karolina

II

0   500km

Hawaii   VIII

Alaska
Anchorage

0   500km

Texas

Mississippi

III

Louisiana

Alabama

Georgia

Florida

Mexiko

Golf von Mexiko

0   500km

I. Neuengland & Nordosten
 1. Vermont
 2. New Hampshire
 3. Massachusetts
 4. Conneticut
 5. Rhode Island
 6. New Jersey
 7. Delaware
 8. Maryland
II. Der Süden
III. Louisiana
IV. Der mittlere Westen
V. Die großen Ebenen &
     die Rocky Mountains
VI. Der Südwesten
VII. Die Westküste
VIII. Alaska & Hawaii

INHALT

AMERIKA: ERLEBEN UND GENIESSEN

Eine Reise nach Amerika wird sicher nur einige der zahlreichen Facetten dieses riesengroßen und vielseitigen Landes zeigen. Denn jeder der 50 Bundesstaaten der Vereinigten Staaten von Amerika hat seinen eigenen, ganz besonderen Reiz.

Die Staaten des Nordostens und Neuenglands begeistern mit malerischen Buchten und Fischerdörfern an den Küsten, sanften grünen Hügeln und endlosen Laubwäldern im Landesinneren. Im Osten liegen auch die Metropolen Washington, Boston und natürlich »The Big Apple«, das verrückte und pulsierende New York. Die Staaten des Südens dagegen locken mit nostalgischem Zauber. Der träge »Ol' man river«, der Mississippi, auf dem die alten Schaufelraddampfer heute noch für die Touristen fahren, und ehrwürdige Herrenhäuser, die hinter langen Alleen verborgen liegen, bilden ein ganz spezielles Flair. In den Staaten des Mittleren Westens wie auch in den Rocky Mountains findet man in den großen National Parks noch so viel unberührte Natur, daß man sich leicht in die Zeit des »Wilden Westens« zurückträumen kann. Die großen Ebenen faszinieren durch die Weite ihrer Landschaft und die leuchtenden Sonnenblumen- und wogenden Weizenfelder, die scheinbar bis zum Horizont reichen. Die Staaten des Südwestens wiederum begeistern durch ihre bizarren Canyons und die riesigen Rinderherden, die noch heute von Cowboys über die Weiden getrieben werden. Im Westen der USA lockt Kalifornien mit Beach-Life, Fun und Hollywood-Glamour. San Francisco gilt als eine der schönsten Metropolen Amerikas. Wer es ganz außergewöhnlich mag, fliegt in das faszinierend rauhe Alaska, das nördlich von Kanada liegt, oder auf das tropische Archipel Hawaii.

Egal, in welchen Bundesstaat oder welche Region Sie reisen, Amerika »is great« – einfach großartig. Die spontane, unaufdringliche Freundlichkeit seiner Bewohner, die vielen Naturschönheiten und die pulsierenden Städte lassen einen nicht mehr los. Doch die Begeisterung für dieses Land geht auch durch den Magen, obwohl sich noch immer einige Vorurteile gegenüber seiner unkomplizierten und ausgezeichneten Küche halten. Natürlich gibt es in den USA auch viel Fast food – aber was schmeckt schon so köstlich wie frisch über Holzkohle gegrillte Hamburger oder Steaks oder wie Baked Potatoes mit dicker Sourcream gefüllt? Die amerikanische Küche hat jedoch noch wesentlich raffinierteres zu bieten als diese Klassiker, denn die zahlreichen Einwanderer haben eine faszinierende Vielfalt an köstlichen Gerichten entstehen lassen.

Kommen Sie mit uns auf die Reise durch die Neue Welt, und lernen Sie die kulinarischen Vorlieben und Spezialitäten der einzelnen Regionen Amerikas kennen, ihre Traditionen und Feste, von denen das erste Kapitel dieses Buches erzählt. In den folgenden Rezeptkapiteln, die mit dem Frühstück und Brunch beginnen und dann in der traditionellen Speisenfolge aufgebaut sind, finden Sie ausschließlich Originalrezepte. Jedes Rezept wird Schritt-für-Schritt beschrieben, damit auch Unbekanntes garantiert gelingt. Getränkeempfehlungen, Varianten, Tips und Informationen über landestypische Produkte runden diese Kapitel ab. Das ausführliche Glossar schließlich erklärt wichtige kulinarische Ausdrücke aus der amerikanischen Küche. Wenn Sie Ihre Familie oder Freunde auf original amerikanische Art verwöhnen wollen, helfen Ihnen die Menüzusammenstellungen, einen rundum gelungenen Abend zu gestalten.

LAND & LEUTE
LADEN EIN...

Jeder Landstrich der Neuen Welt erzählt eine eigene Geschichte, und keine Region gleicht der anderen. Denn das riesengroße Land liegt in mehreren Klimazonen, und im Laufe der Jahrhunderte kamen Einwanderer aus allen Teilen der Erde, die ihre Gewohnheiten, Traditionen und Rezepte in die neue Heimat mitbrachten. Aus dem Miteinander der verschiedensten Kulturen hat sich ein Schmelztiegel der Genüsse entwickelt, obwohl noch heute in den einzelnen Gegenden verschiedene Nationalküchen deutlich herauszuschmecken sind.

Die Wurzeln der amerikanischen Küche liegen natürlich bei den Ureinwohnern. Die Indianer kannten Mais und Bohnen, süßten mit Honig und Ahornsirup, fingen Fische, die Meer und Flüsse im Übermaß schenkten, und gingen auf die Jagd nach wildem Truthahn und anderem Geflügel.

Die ersten Einwanderer passten ihre traditionellen Gerichte den amerikanischen Nahrungsmitteln an, und so entstanden schon neue Rezepte.

Vom 17. bis 19. Jahrhundert war Amerika ein Zufluchtsort für Verfolgte aus aller Welt. Englische, französische, deutsche, holländische, skandinavische, irische, chinesische, später puertoricanische und mexikanische Einwanderer, um nur einige zu nennen, flüchteten vor religiöser und politischer Verfolgung oder vor der wirtschaftlichen Not in

ihrer Heimat. Alle brachten Rezepte sowie Samen und Setzlinge von zu Hause mit und übten so Einfluß auf die kulinarische Entwicklung Amerikas aus. Den Deutschen ist beispielsweise das Geheimnis der Braukunst und der Käseherstellung zu verdanken, sie beeinflußten besonders die Küche des Mittleren Westens. Der Süden ist noch heute von den Afrikanern geprägt, die im 17. Jahrhundert als Sklaven ins Land gebracht wurden. Ihr Kochstil mischte sich mit dem der Franzosen und Spanier zur würzigen Cajun- und Kreolenküche, für die der Bundesstaat Louisiana berühmt ist. Die kulinarischen Wurzeln des Südwestens liegen in der frühen Küche der Spanier und in der Cowboyküche, als die Viehhirten mit ihren Kochwagen unterwegs waren und unter freiem Himmel deftige Bohneneintöpfe oder Steaks gegessen wurden.

Noch heute wird in ganz Amerika am liebsten in großer Runde im Freien gekocht und gegrillt. Zumindest im Sommer ist das in allen Regionen des Landes möglich. Dazu wird meist Bier getrunken oder Wein, vielleicht aus Kalifornien, dem Weinbauland der USA. Gastfreundschaft und Geselligkeit stehen an erster Stelle, und spontane Einladungen zu einem Picknick oder Barbecue, die zu allen nur denkbaren Gelegenheiten veranstaltet werden, sind keine Seltenheit. Sie ebenso spontan anzunehmen lohnt sich bestimmt.

An der Ostküste ist Angeln eine beliebte Freizeitbeschäftigung.

Football ist ein amerikanischer Nationalsport. Hier in Boston spielt die Mannschaft der Harvard University gegen die von Princeton.

Neuengland und der Nordosten

1620 landeten die »Pilgrim Fathers« mit ihrem Schiff »Mayflower« an der Küste des heutigen Bundesstaates Massachusetts. Die Puritaner, die in ihrem englischen Vaterland ihres Glaubens wegen verfolgt wurden und auf der Suche nach einer neuen Heimat waren, trafen glücklicherweise bald auf hilfsbereite Algonkin-Indianer. Ohne deren Unterstützung hätten sie das erste Jahr in der rauhen Landschaft der Neuen Welt nicht überlebt.

Von den Algonkins lernten sie wilde Truthähne zu jagen, die vielen verschiedenen Fische und Meeresfrüchte zu fangen und ihre wichtigsten Nahrungsmittel Mais, Bohnen und Kürbis anzubauen. Ende des ersten Jahres bedankten sich die Siedler mit einem großen Fest bei den Indianern für deren Überlebenshilfe. Bei diesem ersten Erntedankfest kam ein gefüllter Truthahn auf den Tisch, und bis heute ist ein »Thanksgiving Day« ohne »Turkey« in ganz Amerika undenkbar.

Schon bald strömten weitere Siedler ins Land. Sie brachten nicht nur Rezepte aus der alten Heimat mit, sondern auch Samen und Setzlinge. Bald wurden Äpfel und Birnen, Zwiebeln, Kohl, Rüben und Getreide angebaut, bereits 1640 braute man Bier. Natürlich war die Küche der ersten Jahre sehr einfach. Kurze Vegetationszeiten erschwerten die landwirtschaftliche Nutzung. Viele Produkte wurden getrocknet, geräuchert, eingekocht und gesalzen. Während der langen, kalten Winter kamen wärmende Gerichte und sättigende Eintöpfe auf den Tisch, wie »Boiled Dinner« oder »Boston Baked Beans«.

Wenn Sie einen Amerikaner nach Neuengland fragen, wird er Ihnen bestimmt raten, im »Indian Summer« dorthin zu fahren. Zwischen September und November verwandeln sich die Wälder in ein wahres Feuerwerk: Leuchtend rot, strahlend gelb und knall-orange flammt das Laub der Bäume gegen einen unbeschreiblich blauen Himmel. Aber auch zu anderen Jahreszeiten lohnt sich natürlich ein Besuch. Im April und Mai können Sie überall in Maine und Vermont zusehen, wie die Ahornbäume angezapft werden, um an den berühmten Sirup zu gelangen, den bereits die Indianer zum Süßen verwendeten. Natürlich können Sie das »süße Gold« auch kosten. Am besten nehmen Sie sich Fläschchen mit unterschiedlichen Sorten oder einige Süßigkeiten, beispielsweise Bonbons, als Andenken mit nach Hause. Besonders der Norden Neuenglands besitzt alles, was sich Naturliebhaber wünschen können: endlose Wälder, klare Seen, Gebirgszüge, aber auch einsame Strände und das Meer, das dank des Golfstroms im Sommer mit über 20 Grad zum Baden einlädt. Von den Großstädten der Region ist besonders Boston, die Hauptstadt Massachusetts, sehenswert. Die Altstadt mit ihren engen, verwinkelten Gassen und den schönen, ehrwürdigen Bürgerhäusern lädt zum Bummeln ein. Der Nordosten schließt sich mit dem Staat New York westlich an Neuengland an, und er dehnt sich im Süden bis nach Washington DC aus, die Hauptstadt der USA und Regierungssitz ist. Die Atlantikküste mit ihren zum Teil wunderschönen Badegebieten gehört fast ausschließlich zum Staate New Jersey. Etwas weiter landeinwärts reihen sich fast ununterbrochen große Städte aneinander, die Küstenebene wird deshalb auch »Atlantic Metropolitan Belt« genannt. Nordwestlich dieses Gebietes liegen die »Apalachian Mountains«, die im Innern der drei Staaten New York, New Jersey und Pennsylvania die Landschaft prägen und mit ihren Ausläufern bis an den Ontario- und Eriesee heranreichen.

Das Klima hier ist milder als in Neuengland, und das Land ist fruchtbarer. Vielerorts werden Äpfel angebaut, die nicht nur für den köstlich-süßen »Applesauce Cake« verwendet werden oder für »Schnitz un Knepp«, ein Rezept aus Schweinefleisch, Äpfeln und Klößen, das die Deutschen in Pennsylvania verbreiteten. Die Holländer, die ab 1655 New Jersey besiedelten, brachten ihre Rezepte für Pfannkuchen, Waffeln und Kekse ins Land. In Pennsylvania ließen sich Bauern aus den verschiedensten religiösen Gemeinschaften nieder. Die »Amish People« beispielsweise sind

eine Sekte, die alle technischen Neuerungen ablehnt und noch heute wie zur Zeit der Jahrhundertwende lebt.

Was für einen Kontrast bilden sie zur modernen Metropole New York! »The Big Apple«, wie die Amerikaner sie nennen, ist eine pulsierende Stadt, deren Hochhausschluchten, Menschen und Attraktionen einem beinahe den Atem rauben, und sie ist eine Stadt der Immigranten aus aller Welt, man trifft auf die verschiedensten Kulturen, Religionen, Lebensstile und Menschen. So unterschiedliche Rezepte wie »Bagels«, die feinen Brötchenringe jüdischer Einwanderer, stammen von hier, aber auch der in einem berühmten Nobelhotel kreierte »Waldorf Salad«.

Es ist »Indian Summer« im Bundesstaat Vermont. Ein Farmhaus liegt inmitten der herbstlichen Laubwälder.

Alligatoren sind heute in ganz Florida geschützt.

Disney World bei Orlando ist ein Erlebnis für groß und klein. Auf den Flüssen kann man z.B. mit dem Schaufelraddampfer fahren und sich in frühere Zeiten versetzen lassen.

Der Süden

Der Süden, das ist der Klang eines melancholischen Gospelsongs in einer kleinen Kirche Georgias, eines rhythmischen Blues in einer rauchigen Bar in Memphis oder eines beschwingten Dixies in einer Kneipe in Alabama. Virginia, Nord- und Südkarolina, Mississippi, Georgia, Alabama, Kentucky, Tennessee ... – allein die Namen der Südstaaten beschwören sofort Bilder von Scarlett O'Hara und Rhett Buttler aus Margaret Mitchells Klassiker »Vom Winde verweht« herauf. In dieser Region bildete ehemals die Gesellschaft der reichen Plantagenbesitzer eine Art Aristokratie, die sich naserümpfend von den geschäftstüchtigen Yankees des Nordens abgrenzte. Südkarolina war der erste Staat, der sich von der Union, und damit vom Norden, lossagte. Der folgende amerikanische Bürgerkrieg um die Sklavenbefreiung und die wirtschaftliche Vorherrschaft in Amerika (1861–65) kostete Tausenden von Amerikanern das Leben und den Süden seinen Reichtum und Glanz.

Doch noch heute führt der Süden ein Eigenleben wie keine zweite Region in den USA. Von der typischen Hektik, die Sie in den Großstädten an der Nordostküste erleben, verspüren Sie hier bei den »Southerners« nichts mehr. Das feucht-warme Klima hat die Menschen geprägt. Sie haben ihr eigenes Temperament, und das ist eben ein bißchen gemächlicher. Statten Sie doch dem Örtchen Lynchburg, Tennessee, und der dortigen »Destillery« einen Besuch ab. Bei der Herstellung des Whiskeys geht es tatsächlich so gemütlich zu, wie es die Werbung behauptet. Allerdings können Sie keinen Tropfen probieren, denn Lynchburg liegt in einer »Dry County«, in der Alkohol weder verkauft noch ausgeschenkt werden darf. Besuchen Sie Atlanta, die moderne Hauptstadt Georgias, oder Charleston, die schöne aristokratische Hafenstadt in »South Carolina«, die noch etwa 700 Häuser aus dem 18. und 19. Jahrhundert zu bieten hat. Die ehrwürdigen ehemaligen Sommerresidenzen der reichen Plantagen- und Sklavenbesitzer werden von großen Bäumen überschattet und haben fast alle eine Veranda mit klassizistischen Säulen. In den engen Straßen fahren nur wenige Autos, und Sie können bequem zu Fuß hindurchschlendern. Oder Sie wandern auf den Spuren des »King of Rock'n Roll« durch Memphis, Tennessee. Im August, zum Todestag von Elvis Presley, strömen alljährlich viele Fans in die Stadt. Natürlich gibt es auch kulinarisch viel zu entdecken. Überbleibsel der feinen Küche der Wohlhabenden sind heute überall im Süden ebenso unverkennbar wie solche vom einfachen, sättigenden Essen der Sklaven, das »Soul Food« genannt wird.

Wie im Nordosten gehören Fisch und Meeresfrüchte zu den wichtigsten Produkten der Region. Überall an den langen Küsten des Atlantiks und des Golfs von Mexiko werden Garnelen gefangen, außerdem die verschiedensten Krebse und Austern. Aber nicht nur mit Meeresbewohnern sind die Staaten gesegnet. Im gesamten Süden ist der Winter mild, so daß tropische Früchte angebaut werden können. Die Landwirtschaft Virginias und der »Carolinas« ist bedeutend, und berühmt sind vor allem Speck und feinster Schinken wie der »Smithfield Ham«. In Georgia werden Pfirsiche und Erdnüsse gezüchtet, Reis gedeiht am Mississippi und in den »Carolina«-Staaten. Der Ferienstaat Florida, auf dessen Territorium die Spanier bereits im Jahre 1565 die erste europäische Siedlung Amerikas, St. Augustine, gründeten, besitzt einen großen Reichtum an Pflanzen- und Tierarten. Noch um die Jahrhundertwende waren große Teile des Landes bewaldet. Seit-

her mußten viele der Wälder riesigen Zitrus- und Zuckerrohrplantagen, Rinderweiden und Städten Platz machen. Vielleicht besuchen Sie die ungewöhnliche Stadt Miami, baden an den kilometerlangen, schnurgeraden Stränden, fahren über die unzähligen Brücken bis nach Key West, dem Südzipfel der USA, oder Sie vergnügen sich in einem der vielen Freizeitparks.
Die Quellen und Flüsse in den Wäldern Nordfloridas sind im Sommer beliebte Ausflugsziele. Familien lassen sich mit Paddelbooten und Kajaks die Strömungen hinabtreiben. Stärkung gibt es anschließend bei einem Picknick oder in einem der zahlreichen Restaurants. Die Spezialitäten Floridas sind neben Zitrusfrüchten vor allem Meeresfrüchte wie Langusten, aber auch die mittlerweile geschützten Alligatoren. Finden Sie heute Alligator auf der Speisekarte, stammt das zarte Fleisch, dessen Geschmack irgendwo zwischen Huhn und Fisch einzuordnen ist, von Zuchtfarmen.

In kaum einer anderen Stadt Amerikas sieht man so viele schrille Autos wie in Miami.

Donald Duck darf in Disney World natürlich nicht fehlen.

Louisiana

Louisiana gehört zu den Südstaaten und ist doch ganz anders. Der Bundesstaat blickt auf eine sehr wechselvolle Geschichte zurück. Ursprünglich stand er unter spanischem Einfluß, wurde dann an Frankreich abgetreten, das das Territorium schließlich für 15 Millionen Dollar Ende des 18. Jahrhunderts an die Vereinigten Staaten verkaufte. Der spanische und französische Einfluß ist noch heute deutlich zu spüren, vor allem in der ausgezeichneten Küche des Staates.

Der Süden Amerikas ist zum größten Teil noch ländlich geprägt. Wenn die Menschen hier zusammen kommen, gehört stets eine gemeinsame Mahlzeit dazu. Und das ist in Louisiana ein ganz besonderer Genuß, schließlich gilt die Küche hier als eine der besten in ganz Amerika.

Fahren Sie nach New Orleans, einer Stadt mit quirlig-lebendigem Charakter. Besonders das Vieux Carré, das alte französische Viertel mit seinen hübschen Häusern, hat einen unwiderstehlichen Charme. Die Geburtsstadt von »Satchmo« Louis Armstrong ist die Hochburg des Jazz. Es gibt kaum eine Ecke, an der Sie nicht einer Straßenband begegnen, die ihren Saxophonen mitreißende Töne entlockt. Und natürlich hören Sie auch am Abend in den Bars der bekannten Bourbon Street überall Jazzmusik. Kaum jemand kann sich der Faszination dieser Stadt entziehen, auch so berühmte Schriftsteller wie William Faulkner oder Tennessee Williams lebten eine Weile in New Orleans.

Weltweit bekannt und berühmt ist der Karneval der Stadt, der von Weihnachten bis zum Beginn der Fastenzeit bunt und ausgelassen gefeiert wird. Am Faschingsdienstag, dem »Mardi Gras«, tanzen die Bewohner in den phantastischsten Kostümen durch die Straßen, und das Fest dauert bis in die Morgenstunden hinein. Ein anderes großes Fest ist das »Food Festival« Ende Juni. Hier können Sie den Köchen der Stadt über die Schulter schauen. Dieses kulinarische Ereignis sollten Sie sich nicht entgehen lassen, denn die Cajun- und Kreolenküche von New Orleans und Louisiana haben nicht umsonst einen so guten Ruf.

Die Cajuns (was Kedschens ausgesprochen wird) leben westlich von New Orleans. Der Name hat sich aus »Acadian« entwickelt. So wurden die französischen Hugenotten genannt, die 1685 vor religiöser Verfolgung aus

Per Boot durch die Sumpfgebiete Louisianas zu fahren ist ein besonderes Erlebnis.

ihrer Heimat nach Acadia (im heutigen Kanada) flohen und sich dort niederließen. 1755 wurden sie von den Engländern auch dort vertrieben, viele Cajuns ließen sich damals im (noch) französischen Louisiana nieder. Bis heute leben sie dort relativ abgeschieden und haben ihre Kultur weitgehend erhalten.

Die Kreolen sind die Nachkommen der in Amerika geborenen Spanier. Ihre Küche ist die vornehmere, städtischere – also die Küche der Wohlhabenden von New Orleans. Hier finden Sie viele Gerichte mit Tomaten, Knoblauch, Meeresfrüchten und Kräutern wie Thymian oder Lorbeer, die immer so sanft dosiert sind, daß kein Gewürz hervorschmeckt. Louisianas Cajunküche hingegen ist würziger und deftiger. Hier wird Herzhaftes mit viel Gemüse, Kräutern und Gewürzen gekocht, wobei scharfe Chilischoten gehörig für »Feuer« sorgen. Beide Küchen sind in ihren kulinarischen Traditionen sowohl von Franzosen als auch von Spaniern und Engländern geprägt. Beide haben zudem kräftige Impulse aus der Sklavenküche aufgenommen, denn diese bereicherte die Gerichte mit Okraschoten, Sesamkörnern und scharfen Gewürzen.

Ein gutes Mitbringsel aus Louisiana sind deshalb immer die scharf-würzigen Chili-Gewürzmischungen. Anmerkungen wie »the hottest chili in the world« (das schärfste Chili der Welt) sollten Sie dabei unbedingt ernst nehmen. Auch original abgefüllte Tabasco-Sauce bekommen Sie hier. Am besten fahren Sie direkt nach Avery Island und besuchen dort den Familienbetrieb, in dem die feurige Sauce hergestellt wird, die vielen Gerichten erst die richtige Würze verleiht. Beispielsweise dürfen in der gekühlten Avocadosuppe ein paar Tropfen Tabasco ebensowenig fehlen wie im »Seafood Gumbo«, dem üppigen Meeresfrüchte-Eintopf.

An jeder Straßenecke in New Orleans spielen Straßenmusiker mitreißende Jazzmusik.

Vom Dach des YMCA, des Hotels der Christlichen Vereinigung Junger Männer, hat man in den Abendstunden einen bezaubernden Blick auf die Skyline Chicagos.

Der Mittlere Westen

Die Bundesstaaten Ohio, Indiana, Illinois, Michigan, Minnesota, Iowa und Missouri bilden den Mittleren Westen. In dieser Region trafen im Laufe mehrerer Einwanderungswellen die unterschiedlichsten Kulturen und Nationalitäten zusammen, die sich vielfach bis heute nicht vermischt haben. Noch immer pflegen die Nachfahren der Einwanderer in einigen Städten oder Regionen die heimatlichen Landessprachen oder Traditionen. Selbst in einer Metropole wie Chicago, immerhin die drittgrößte Stadt der USA, blieben die verschiedenen Einwanderergruppen bis auf den heutigen Tag unter sich. Elf verschiedene Nationalitäten leben in der Stadt am Ufer des Michigansees in verschiedenen Stadtvierteln auf relativ engem Raum.

Dort verkaufen sie in ihren Läden heimische Produkte, und Sie werden kaum miterleben, daß die Menschen untereinander englisch sprechen. Chicago ist ein bedeutendes Handelszentrum für die Landwirtschaft und der wichtigste Knotenpunkt im Eisenbahnnetz Amerikas. Die Sehenswürdigkeiten in der City Chicagos können Sie fast alle zu Fuß erreichen. Schon von weitem ist der Sears Tower zu sehen. Er war mit 442 Metern bis vor kurzem das höchste Gebäude der Welt, erst 1994 entstanden in Shanghai noch höhere Wolkenkratzer.
Die Landschaft rund um den Lake Michigan im Norden des Mittleren Westens ist teilweise von der Schwerindustrie geprägt, aber Sie finden in Michigan, Wisconsin und Minnesota auch noch märchenhaft unberührte Natur: riesige Wälder, in denen allerlei

Die Niagarafälle sind ein beliebtes Ziel für frisch Verheiratete.

Wild gejagt und Pilze gesammelt werden, Hunderte kleiner Seen, in denen es von Fischen nur so wimmelt, und eine wild-romantische, zerklüftete Küste, die Sie am besten mit einem Boot erkunden können. Das Gebiet der »Great Lakes«, das teilweise schon zu Kanada gehört, ist ein riesiges Freizeitparadies. In den verschiedenen Nationalparks scheint die Zeit stehen geblieben zu sein, und es könnten Ihnen dort durchaus noch Bären, Elche und Wölfe begegnen. Wenn Sie sich schon im Bereich der Großen Seen aufhalten, können Sie auch gleich einen Abstecher in den Bundesstaat New York zu den Niagarafällen machen, die zum System der Great Lakes gehören und für amerikanische Verhältnisse nur einen Katzensprung entfernt zwischen Erie- und Ontariosee liegen. Sie bilden einen Teil der Grenze zwischen Kanada und den USA. Es ist ein unvergeßliches Erlebnis, den Niagara River auf amerikanischer Seite auf einer Breite von 300 Metern etwa 60 Meter in die Tiefe stürzen zu sehen. (Der kanadische Fall ist 900 Meter breit und 45 Meter hoch und natürlich kaum weniger imposant.) Rund um die Großen Seen wird überall frischer oder geräucherter Fisch angeboten. Barsche, Lachse, Störe und Hechte werden aus den Fluten gefischt. Eine weitere Köstlichkeit liefern die Great Lakes: den Wildreis. Im Mittleren Westen können Sie neben Fisch- und Wildgerichten feinen Käse genießen. Im 19. Jahrhundert strömten deutsche Einwanderer in die Region. Sie und die Schweizer machten sich bald unentbehrlich, denn niemand verstand es besser, verschiedene Milchprodukte, vor allem Käse, herzustellen. Probieren Sie den Cheddar der Region, er schmeckt besonders gut. Noch etwas brachten die Deutschen aus der Heimat mit: das Geheimnis der Braukunst. Bier ist in ganz Amerika beliebt.

Weiter im Süden, im sogenannten Herzland Amerikas, fahren Sie durch endlos weite Ebenen und über sanfte Hügel. Die Indianer dieser Gegend waren Nomaden, die von der Büffeljagd lebten und wildwachsende Pflanzen sammelten. Heute ist dieser Bereich der »corn belt« des Landes, die Maiskammer. Die Viehwirtschaft spielt eine bedeutende Rolle, die mit Mais gefütterten Rinder der Gegend liefern bestes Fleisch, unter anderem für Hamburger. Diese und die nicht weniger berühmten Hot dogs stammen aus dem Mittleren Westen, sie wurden 1904 auf der Weltausstellung in St. Louis kreiert und erstmals angeboten.

*Im Yellowstone National-
park leben noch heute
einige Büffel.*

*Dieser Geysir im Yellowstone
Nationalpark, der kochend
heißen Wasserdampf
ausspuckt, wird »Steamboat
Geysir« genannt.*

Die großen Ebenen und die Rocky Mountains

Die großen Ebenen, die »Great Plains«, dehnen sich von den Bundesstaaten Nord-und Süddakota über Nebraska und Kansas bis nach Oklahoma aus. Sie werden im Osten von Missouri und im Westen von den mächtigen Bergen der »Rocky Mountains« begrenzt. Die Great Plains und die niedrigeren Bergregionen der Rocky Mountains sind das Gebiet, das aus Büchern und Filmen als der »Wilde Westen« bekannt ist. Die Indianer der Ebenen betrieben kaum Ackerbau. Sie lebten von den Büffeln, die damals noch in riesigen Herden über die Prärie zogen. Im 19. Jahrhundert kamen Siedlertrecks auf ihrem Weg nach Westen durch das unwirtliche Land, geblieben ist damals niemand. Lange, kalte Winter, heiße Sommer, Stürme und Dürreperioden waren für die frühen Farmer nicht sehr verlockend. Noch 1910 starteten die Gouverneure der dünnbesiedelten Staaten eine Werbekampagne, um mehr Siedler ins Land zu holen.

Das Leben in der Region ist durch die gelegentlichen Trockenperioden und Stürme noch immer nicht einfach. Aber den Menschen ist es im Laufe der Zeit mit viel Hartnäckigkeit gelungen, den Boden zu kultivieren, und heute sind

die großen Ebenen der »wheat belt« Amerikas, der Weizengürtel. Die Weizenähren wiegen sich in allen Bundesstaaten der Region im Wind, soweit das Auge reicht. In Norddakota fahren Sie hingegen an riesigen Sonnenblumenfeldern vorbei. Wyoming, weiter im Westen, gehört schon zu den Staaten der Rocky Mountains, wie auch Montana, Idaho, Colorado und Nevada. Im Gebiet der Rocky's ließen sich zuerst spanische Pelztierjäger, die Trapper, nieder. Als aber Mitte des 19. Jahrhunderts in Nevada und Colorado Gold gefunden wurde, strömten zahlreiche Goldsucher und Glücksritter in der Hoffnung auf Reichtum in das Gebirge. Und die niedrigeren Bergregionen mit ihrem fruchtbaren Weideland lockten Rinderzüchter mit ihren großen Herden aus Texas herauf, denen bald Schafzüchter folgten. Noch heute werden überall Rodeos veranstaltet, die Sie unbedingt einmal miterleben sollten. Hier wird der »Wilde Westen« richtig lebendig, denn die Cowboys der Gegend, die noch immer Rinderherden hüten, zeigen gewagte Reiterkunststücke, zu denen auch das Reiten auf einem wilden Bullen gehört. In Reno, Nevada, beispielsweise wird im Juni ein großes Rodeo organisiert, und in Wyomings Hauptstadt Cheyenne findet in der letzten Juliwoche ein Rodeofest statt.

Auch einen der ältesten und bekanntesten Nationalparks Amerikas, den Yellowstone Nationalpark in Wyoming, sollten Sie nicht verpassen. Mit rund 9000 Quadratkilometern gehört er zu den größten Nationalparks der USA. Besonders sehenswert ist »Old Faithful«, ein Geysir, der zuverlässig jede Stunde eine 40 bis 60 Meter hohe

Fontäne kochendheißes Wasser in die Luft schleudert.

Das weiter südlich gelegene Utah ist vor allem durch seine traumhaften Canyons bekannt. Besuchen Sie beispielsweise den Bryce Canyon im Süden des Bundesstaates. Aus einem Kessel, der wie ein Amphitheater ansteigt, ragen Tausende rosa und violette Säulen, Türmchen, Pyramiden und Kegel hervor. Wind und Regen haben das Gebirge in diese märchenhafte Landschaft verwandelt.

Der Bundesstaat Colorado heißt nach dem gleichnamigen Fluß, den die Spanier wegen der vielfarbigen Sand- und Gesteinsschichten am Ufer so benannten. Die Hauptstadt Colorados, Denver, liegt am Fuß der Rocky Mountains. Ursprünglich eine Goldgräberstadt, gewann sie erst an Bedeutung, als sie 1870 an das Eisenbahnnetz angeschlossen wurde. Heute ist Denver als Handels-, Finanz- und Verkehrszentrum weit über die Grenzen Colorados hinaus bekannt.

So bodenständig wie die Menschen, die sich in den Bergen niederließen, ist auch die Küche der Gegend. Rind und Lamm werden heute besonders gern gegessen, ebenso Wild und Wildgeflügel sowie Beeren aller Art. Deftige Hackbraten sind genauso beliebt wie Spareribs und Steaks. Fische, die zahlreich in den eiskalten Flüssen der Rocky Mountains vorkommen, werden gerne in Wein pochiert oder mit frischen Kräutern gefüllt. Montana ist einer der größten Weizenproduzenten Amerikas. Colorado ist nicht nur für sein köstliches Rind- und Lammfleisch bekannt, sondern auch als Produzent von Bohnen, Pfirsichen und Melonen. In den südlichen Bundesstaaten macht sich mexikanischer Einfluß bemerkbar, viele Gerichte werden mit feurig-scharfen Chilischoten, Mais und Koriandergrün zubereitet.

Las Vegas entwickelt erst nachts seinen Charme. Dann wird die Stadt zu einem glitzernden und funkelnden Eldorado für Glücksspieler aus aller Welt.

*Die riesigen Gesteins-
formationen des Monument
Valley bieten besonders
im Abendlicht einen reiz-
vollen Anblick.*

Der Südwesten

Der Südwesten wurde von Mexiko aus
bereits im 16. Jahrhundert von den
Spaniern erobert. Damals züchteten die
Indianer des Südwestens Schafe und
bauten Bohnen, Mais und Kürbisse an.
Die Spanier brachten Rinder mit und
beschäftigten die Ureinwohner als
Hirten. Anfang des 19. Jahrhunderts
strömten immer mehr amerikanische
Farmer und Viehzüchter nach Texas.
Nach der Unabhängigkeit Mexikos von
Spanien (1821) stellten die Mexikaner
die Regierung in der Region. Es kam
immer häufiger zu Konflikten mit
amerikanischen Siedlern, und schließlich erkämpfte sich Texas die Unabhängigkeit und wurde 1845 in die Union
aufgenommen. Kurz darauf kamen
Arizona und New Mexico hinzu.
Das Zusammenleben der Mexikaner
und Texaner, so konfliktreich es auch in

vielerlei Hinsicht gewesen sein mag,
hat ein wunderbares Erbe hinterlassen:
Im Laufe der Zeit entstand eine der
eigenständigsten und interessantesten
Regionalküchen Amerikas, die Tex-Mex-
Küche. Sie ist eine Melange aus
mexikanischer und texanischer Küche.
Bohnen und Mais sind die typischsten
Zutaten, außerdem Chilischoten, die es
in den unterschiedlichsten Formen,
Farben, Größen und Schärfegraden
gibt. Sie gehören nicht nur in das
beliebte »Chili con Carne«, sie fehlen
auch sonst bei kaum einem Gericht.
Bohnen gibt es ebenfalls in unzähligen
Variationen, und Mais wird nicht nur
als Gemüse gegessen, sondern auch zu
Mehl vermahlen und beispielsweise für
Tortillas, die berühmten Fladenbrote,
verwendet.
Neben der Tex-Mex-Küche ist auch die
»Cowboyküche« im ganzen Südwesten
beliebt. Als die Cowboys mit ihren

großen Rinderherden durch die grenzenlose Weite des Südwestens zogen, wurde unterwegs ab und zu ein Rind geschlachtet – und noch heute sind riesige Steaks ein typischer Bestandteil dieser Küche. Gekocht und gegrillt wurde im Freien, und das ist noch immer am beliebtesten. Vielleicht können Sie einmal in Texas ein »Cowboy cookout« miterleben – bei so einem Barbecue oder Picknick mit Blechgeschirr, Bohnen und Steaks kommt echte Westernstimmung auf. Weitere typische Zutaten der Küche des Südwestens sind Kreuzkümmel, Pecannüsse und Pinienkerne. In der Nähe des Golfs von Mexiko kommen natürlich auch Fisch und Meeresfrüchte reichlich auf den Tisch.

Natürlich hat jeder der Südweststaaten Interessantes zu bieten. Texas ist spätestens seit der Fernsehserie »Dallas« jedem Europäer als Staat der Viehbarone und Ölmagnaten bekannt. Es ist ein Land voller Gegensätze. Auf der einen Seite stehen Cowboys, Staub und Rinder, auf der anderen Eleganz und Luxus, repräsentiert von der Hauptstadt Dallas mit ihrer modernen Architektur und ihrer wirtschaftlichen Dynamik.

Arizona ist ein Bundesstaat mit Landstrichen von faszinierender Weite. In manchen Regionen begegnet Ihnen stundenlang kein Mensch. Sie sehen nur die Tafelberge am Horizont, roten Wüstensand und riesige Kakteen, sonst gibt es nichts als Einsamkeit. So etwas ändert sich natürlich schnell am Grand Canyon, dem berühmtesten Canyon Amerikas. Doch trotz des nahezu unendlichen Touristenstroms finden Sie garantiert noch ein ruhiges Plätzchen, an dem Sie ganz für sich allein den Sonnenaufgang bewundern können, der das ganze Tal verzaubert. Einen unvergeßlichen Sonnenuntergang erleben Sie am besten im Monument Valley auf dem Colorado Plateau. Im letzten Abendlicht wirken die riesigen Gesteinsformationen noch imposanter als am Tage.

Santa Fé, die Hauptstadt New Mexicos, wurde 1610 von spanischen Kolonisten gegründet. Sie bauten die Stadt auf den Überresten eines von ihnen zerstörten Indianerdorfes. Heute trägt die Architektur der Stadt indianische, spanische und angloamerikanische Züge, und Santa Fé besitzt wie die meisten Städte der USA ein »Museum of Indian Art and Culture«. Dort können Sie die Kunstgegenstände der Ureinwohner bewundern, und die 3000jährige Geschichte der Anazasi, Apachen, Navajo- und Pueblo-Indianer der Gegend wird lebendig. Heute jedoch sind die Indianer, die zumeist in Reservaten leben, vom amerikanischen Alltag weitgehend ausgeschlossen. Das ist hier im Südwesten leider nicht anders als sonstwo in den USA. Vielleicht sah das Dorf, auf dem Santa Fé heute steht, so aus wie Taos-Pueblo. Es ist eines der schönsten Indianerdörfer der Gegend, in dem noch etwa 1400 Indianer leben.

In Flagstaff, Arizona, liegt wie in vielen amerikanischen Kleinstädten entlang der Hauptstraße ein Motel neben dem anderen.

Nachdem er eine Überschwemmung überlebte, hat dieser Texaner seine geliebte Heimat auf recht originelle Weise verewigt.

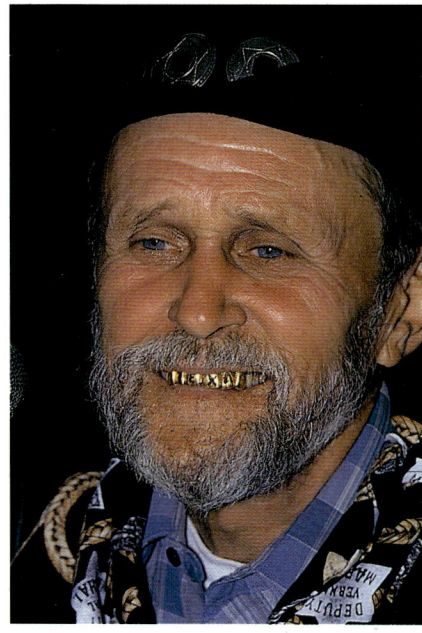

Im Neptun-Pool der Hearst-Villa in Kalifornien badeten früher Charlie Chaplin und Greta Garbo. Heute wird die Anlage von Touristen aus aller Welt besichtigt.

In den Universal Studios in Hollywood wird eine Stunt-Szene gedreht.

Die Westküste

Auch den äußersten Westen Amerikas haben die Spanier schon früh besiedelt. Sie kamen von Mexiko aus ins Land und gründeten bereits 1769 etliche Missionsstationen. Nach Mexikos Unabhängigkeit von Spanien wurde »California« mexikanische Provinz, und 1850 trat das zwischenzeitlich sehr amerikanisch gewordene Kalifornien der Union bei.

Die Indianer der Westküste waren Jäger und Sammler, sie lebten von Fischen und Meeresfrüchten, von Beeren und Pilzen, von Wild und Wildgeflügel. Alles gab es im Überfluß, Ackerbau war nicht nötig.

Die spanischen Missionare pflanzten dann Olivenbäume und Weinreben, Tomaten und Avocados, Feigen, Pfirsiche und Aprikosen, Äpfel und Pflaumen, Kreuzkümmel und Koriander, und heute exportiert Kalifornien dank ausgeklügelter Bewässerungssysteme landwirtschaftliche Produkte in alle Himmelsrichtungen. Der sonnige Bundesstaat ist berühmt für seine leichte, nuancenreiche und kreative

Küche, die klassische amerikanische Gerichte geschickt mit französischen und asiatischen Anklängen verfeinert. Je näher Sie der Grenze im Süden des Landes kommen, desto deutlicher wird noch heute der mexikanische Einfluß. Das zeigen bereits Ortsnamen wie Santa Monica oder San Diego, vor allem aber die wachsende Anzahl exzellenter mexikanischer Restaurants.

Kalifornien ist heute auch berühmt für seine Weine. Zwar wird Weinbau in vielen Staaten der USA betrieben, am bekanntesten sind jedoch die kalifornischen Weine, und unter diesen diejenigen aus den Zwillingstälern Napa Valley und Sonoma County. Bereits die spanischen Missionare hatten Weinreben für ihren Meßwein gesetzt, aber erst Anfang des 19. Jahrhunderts begann der kommerzielle Weinbau. Noch im selben Jahrhundert allerdings zerstörte die Reblaus den größten Teil der Reben, und die Prohibition, das Alkoholverbot zwischen 1919 und 1933, tat ihr übriges, um die Winzer an den Rand des Ruins zu bringen. Heute stehen bei den Rotweinen Cabernet Sauvignon, Cabernet Franc, Pinot Noir, Merlot sowie Zinfandel (eine wichtige einheimische Sorte) im Mittelpunkt. Bei den Weißweinen sind es Chardonnay, Chenin Blanc, Johannisberg Riesling, Sauvignon Blanc und Gewürztraminer. Übrigens können viele der »Wineries« besichtigt werden, Weinproben und Picknickplätze laden zum Verweilen ein. Und bestimmt möchten Sie sich ein paar Flaschen Ihres Favoriten mitnehmen.

In ganz Kalifornien scheinen die Menschen unbeschwert zu leben. »Have fun«, »hab Spaß«, ist das Motto. Vielleicht liegt es am angenehmen,

warmen Klima, vielleicht aber auch am
latent vorhandenen Bewußtsein, auf
einem Pulverfaß zu sitzen. Denn wie
eine Diagonale durchzieht der San-
Andreas-Graben in Längsrichtung
Kalifornien. Er ist für die Erdbeben in
diesem Gebiet verantwortlich, und
1906 legten das bisher schwerste
Erdbeben und das darauffolgende Feuer
San Francisco in Schutt und Asche.
In San Francisco, eine der liberalsten
und vielleicht schönsten Städte Amerikas, lebt die größte chinesische
Gemeinde in der westlichen Welt. Die
meisten ihrer Vorfahren wurden Mitte
des 19. Jahrhunderts für den Bau der
Eisenbahn ins Land geholt. Heute ist
ein Spaziergang durch Chinatown ein
Erlebnis für die Sinne. Überall wird
gebrutzelt und gegart, und allerorts
wird frisches Obst und köstliches
Gemüse verkauft.
Jenseits der berühmten Golden Gate
Bridge verändern sich Landschaft und
Klima. Der Pazifik scheint rauher zu

werden, im Sommer liegt beinahe
ständig Nebel über dem Land. Hier
liegt das Reich der »Redwoods«, die
vom Nebel und seiner Feuchtigkeit
leben. In diesen Wäldern entlang der
Küste wachsen Mammutbäume, die bis
zu 100 Meter hoch sind und nicht
selten einen Stamm von sieben Metern
Durchmesser haben. Wenn Sie auf
Ihrer Fahrt nach Oregon und Washington zum Meer hinunterschauen, blicken
Sie auf Steilküste, kleine Fischerdörfer,
weiße Sandstrände und auf die behäbi-
gen Seelöwen, die sich auf den Felsen
am Meer in der Sonne wärmen. Auf der
anderen Seite liegen dichte Wälder, in
denen aromatische Pilze wachsen, und
glasklare Flüsse und Seen, in denen
sich Forellen, Hechte und Barsche
tummeln. Der kalte Pazifik liefert
Brassen, Thunfisch und Heilbutt, vor
allem aber Lachse und Meeresfrüchte
aller Art. So haben Sie überall entlang
der Küste eine üppige Auswahl an
Fischspezialitäten.

*Die viktorianischen Villen
am Alamo Square in
San Francisco bilden einen
interessanten Kontrast zu
den modernen Wolken-
kratzern der Stadt.*

Alaska und Hawaii

Weites, unberührtes Land, hohe Berge, Gletscher, zerklüftete Küsten und viel Einsamkeit, das ist Alaska, der größte und gleichzeitig menschenleerste Staat der USA. 1867 kauften die Vereinigten Staaten das Gebiet von Rußland. »Sewards Polar Bear Garden« wurde der Neuerwerb zunächst spöttisch genannt, nach Staatssekretär William Seward, der den Kauf des scheinbar überflüssigen, nur von Eisbären bevölkerten Landes vorangetrieben hatte. Der Spott legte sich jedoch, als die ersten reichen Bodenschätze auf dem neuen Staatsgebiet gefunden wurden.

Neben diesen Bodenschätzen wurde Fisch immer bedeutender – die Gewässer Alaskas zählen zu den fischreichsten Fanggründen der USA. Entsprechend ist die Auswahl an Fischgerichten – Lachs, Kabeljau, Hering, Felsenfische, Thunfisch oder Meeresfrüchte kommen fangfrisch auf den Tisch. Außerdem stehen Wild und Wildgeflügel, Früchte und Gemüse auf dem Speisezettel. Trotz der langen,

kalten Winter ist der Anbau vieler Obst- und Gemüsesorten möglich, denn das im Sommer fast 24 Stunden vorhandene Tageslicht läßt beides schnell und kräftig wachsen. Die Küche Alaskas ist bodenständig, im Winter gibt es deftige, wärmende Eintöpfe und große Braten, im Sommer leichtere Kost mit viel Gemüse und gegrilltem Fisch oder Fleisch. Die russischen Kolonisten haben Rezepte für Piroggen hinterlassen, knusprige Teigtaschen, die Sie mit Lachs oder Krebsfleisch gefüllt unbedingt probieren sollten.

Am besten besuchen Sie Alaska im Frühsommer oder im Herbst, der Winter ist zu streng, und im Sommer könnte Ihnen die Mückenplage zu schaffen machen. In Zentral-Alaska gibt es das einzige größere Straßennetz des Staates, alle anderen Gebiete sind am besten per Flugzeug erreichbar. In der Nähe der größten Stadt Alaskas, Anchorage, sollten Sie den National Park besuchen, denn dort erhebt sich imposant der Mount McKinley, der mit 6193 Metern höchste Berg der USA. Es könnte kaum einen größeren Kontrast zur kühlen Einsamkeit Alaskas geben als das sonnige, lebenslustige Hawaii. Diese beiden Staaten haben nur eines gemeinsam, sie liegen außerhalb der Grenzen der USA und sind politisch doch ein Teil davon. Hawaii, etwa 3000 Kilometer vom Festland entfernt, besteht aus vielen vulkanischen Inseln, von denen jede einen eigenen Charakter hat. Da ist Oahu, die Hauptinsel mit der Hauptstadt Honolulu und dem international bekannten, touristischen Waikiki-Strand. Das landwirtschaftlich stark genutzte Hawaii, auch »Big Island« genannt, ist die größte Insel des

In der Nähe von Anchorage in Alaska erhebt sich der Mount McKinley. Er ist mit 6193 Metern der höchste Berg der USA.

Archipels, sie war Namensgeber für die Inselgruppe. Auf den fruchtbaren Vulkanböden der Insel Kauai wird Reis, Zuckerrohr und Taro, eine kartoffelähnliche Knolle, angebaut. Auf Maui, der zweigrößten Insel Hawaiis, sind Zucker und Ananas die wichtigsten Produkte. Molokai wird fast ausschließlich landwirtschaftlich genutzt, und Lanai, früher im Besitz der Dole-Company, war bis in die 80er Jahre die »größte Ananasplantage der Welt«. Die Bevölkerung der Inselgruppe ist von verschiedenster Herkunft, und so bietet die Küche der Inseln ein breites Spektrum an kulinarischen Überraschungen. Als erste Bewohner kamen zwischen dem 5. und 9. Jahrhundert Polynesier auf die Inseln. Sie ernährten sich von Fischen und Kokosnüssen und brachten Taro, Bananen, Süßkartoffeln und Yams, aber auch Schweine und Hühner mit. Im Jahre 1778 wurde der Archipel von James Cook entdeckt, und schon bald folgten die ersten Siedler. Mitte des 19. Jahrhunderts arbeiteten

viele Chinesen auf den Zuckerrohrplantagen der amerikanischen Großgrundbesitzer – sie prägen bis heute die Küche der Inseln. Pfannengerührtes, Süß-saures und Nudelgerichte, aber auch Zutaten wie Wasserkastanien, Lychees, Mandarinen, Orangen und Senfkohl sind ihnen zu verdanken. Im Laufe der Zeit kamen Japaner, Portugiesen, Puertoricaner, Philippinos, Koreaner auf die Inseln, und sie haben ein quirliges Völkergemisch mit einer bunten Küche geschaffen.
Typisch für Hawaii sind Macadamia- und Kokosnüsse, exotische Früchte, Fische, Schweinefleisch und getrocknetes Rindfleisch. Eine Spezialität ist »Poi«, ein Brei aus Tarowurzeln. Diesen Brei lernen Sie am ehesten bei einem »Luau« kennen, einem Festessen. Im Mittelpunkt steht dabei ein im »Imu«, im Erdofen, gegartes Schwein, das mit heißen Steinen gefüllt, in Blätter gewickelt und in einer Grube über heißen Steinen gegrillt wird.

Der Strand von Waikiki auf Hawaii ist ein beliebter Erholungsort für viele amerikanische Urlauber.

Bei Festen tragen die Hawaiianerinnen einen besonders hübschen Kopfschmuck.

FRÜHSTÜCK & BRUNCH

Wenn Sie schon einmal in Amerika waren, haben Sie sicher in einem der vielen Coffee-Shops gefrühstückt und über den gesegneten Appetit Ihrer Tischnachbarn gestaunt. Riesige Portionen türmen sich da zum Frühstück auf den Tellern, so daß der Lunch, das Mittagessen, fast ausfallen kann. Dazu wird fast immer Kaffee getrunken, den die Bedienung wie selbstverständlich einschenkt, und der dann, so oft man will, umsonst nachgeschenkt wird. Zu einem typisch amerikanischen Frühstück gehören unbedingt Eier. Allerdings nicht die in Deutschland üblichen gekochten Eier, sondern Spiegeleier, die es wie in Deutschland »sunny side up« oder »upside down«, von beiden Seiten gebraten, gibt. Zu den Eiern wird Bacon gegessen, das sind knusprig gebratene Speckscheiben, oder aber Kochschinken und sogar Würstchen. Sehr gut schmecken dazu auch »Hashbrowns«, eine Art Bratkartoffeln. Im Süden wird hingegen oft eine dicke Maisgrütze, »Hominy« oder »Grit« genannt, zu den Eiern serviert. Zum Frühstück gibt es gleichermaßen häufig Toast mit Butter und Marmelade oder eine der vielen Sorten »Cereals«, Frühstücksflocken, von denen Cornflakes noch immer die beliebtesten sind. Nur mit einem wahren Bärenhunger zu schaffen sind Pfannkuchen oder Waffeln, die mit viel Butter und Ahornsirup bedeckt werden. Wie so viele schöne neue Bräuche stammt auch der Brunch aus Amerika, der aus einem späten Frühstück (Breakfast) und einem frühen Mittagessen (Lunch) entstand und den man am besten am Wochenende genießt. Dann können noch viele andere Gerichte wie z.B. eine cremige Suppe, ein Shrimp Cocktail, geräucherter Lachs oder auch ein Nudelauflauf auf dem Tisch stehen.

# Pancakes with Maple Syrup

Pfannkuchen mit Ahornsirup

Zutaten für 4 Portionen:
125 g Mehl
1 TL Backpulver
1 TL Ahornsirup
1 Prise Salz
1 großes Ei
150 ml Milch
Butter oder Margarine zum Braten
Ahornsirup zum Beträufeln

Zubereitungszeit: 20 Min.
(+ 1/2 Std. Ruhen)

Pro Portion: 890 kJ/210 kcal

1 Das Mehl in eine Schüssel sieben. Backpulver, Ahornsirup, Salz, Ei und die Milch dazugeben und mit dem Handrührer zu einem glatten Teig verrühren. Den Teig etwa 1/2 Std. zugedeckt bei Zimmertemperatur quellen lassen.

2 In einer beschichteten Pfanne etwas Butter oder Margarine zerlassen.

3 Nach und nach mit einer Schöpfkelle etwas Teig in die Pfanne geben und bei mittlerer Hitze etwa 12 kleine, dicke Pfannkuchen von beiden Seiten goldbraun backen.

4 Die Pfannkuchen zum Servieren üppig mit Ahornsirup beträufeln.

**Variante: French Toast,
Arme Ritter mit Ahornsirup**
2 Eier mit 100 ml Milch, 2 EL Zucker und 1/2 TL Vanille kräftig verquirlen. 4 Scheiben Kastenweißbrot entrinden und diagonal halbieren. 8 Scheiben Bacon in einer schweren Pfanne knusprig braten, herausnehmen, warm halten. 2 EL Butter in der Pfanne aufschäumen. Brotecken kurz in Eier-Milch wenden, dann bei mittlerer Hitze in der Butter goldbraun backen. Mit Speck belegen, mit Ahornsirup beträufeln und sofort servieren.

Info: Pancakes werden oft zusätzlich mit Butterstückchen belegt, die durch die Hitze der Pfannkuchen schmelzen. Auch gebratene Speckscheiben sind eine beliebte Beilage. Oder man mischt schon unter den Teig Heidelbeeren, Apfelwürfel oder Nüsse.

Ahornsirup

In ganz Amerika ist dieser goldene, zuckersüße Saft beliebt, er fehlt in keiner Küche und auf keinem Frühstückstisch. Gewonnen wird er aus den Zuckerahornbäumen, die überwiegend im Norden Amerikas und in Kanada wachsen. Die Stämme der Bäume werden dafür angebohrt, der austretende Saft wird einige Wochen lang gesammelt und schließlich unter Hitzeeinwirkung zu Sirup eingedickt. Aus einem Baum lassen sich auf diese Art in einem Jahr etwa 40 Liter Ahornsaft abzapfen – eingedickt ergibt das aber nur etwa einen Liter Sirup.

Je nach Erntezeitpunkt und Verarbeitung gibt es sehr verschie-

Aus Ahornsirup werden auch verschiedene Süßigkeiten hergestellt.

dene Sirup-Qualitäten. Je heller ein Sirup ist, desto feiner und aromatischer süßt er. Hellbernsteinfarbener und mildaromatischer Sirup entsteht aus dem schonend verarbeiteten Saft der ersten »Erntetage« im Frühjahr. Billigere Sorten können dunkelbraun

sein und sehr stark nach Karamel schmecken, das feine Ahornsirup-aroma wird beinahe vollständig überdeckt. Diese Sorten stammen aus späteren »Ernten«, und sie werden unter stärkerer Hitzeein-wirkung eingedickt.

Blueberry Muffins

Aus Neuengland · Gelingt leicht

Heidelbeertörtchen

Zutaten für 12 Stück:
Fett für die Form
100 g weiche Butter oder Margarine
175 g Zucker
2 Eier
1–2 TL echte Bourbon-Vanille
1 Prise Salz
250 g Mehl
2 TL Backpulver
150 g Buttermilch
225 g Heidelbeeren

Zubereitungszeit: 20 Min.
(+ 35 Min. Backen)

Pro Stück: 1000 kJ/240 kcal

1 Den Backofen auf 175° vorheizen. Ein Muffin-Blech gründlich fetten.

2 Die Butter oder Margarine in eine Schüssel geben, den Zucker dazugeben und alles mit dem Handrührer hellcremig schlagen. Eier, Vanille und Salz unterrühren.

3 Das Mehl mit dem Backpulver mischen, abwechselnd mit der Buttermilch unter die Buttermasse rühren.

4 Die Heidelbeeren verlesen, waschen und abtrocknen, vorsichtig unter den Teig heben.

5 Den Teig in die vorbereiteten Förmchen geben. Im Backofen (Mitte, Gas Stufe 2, Umluftherd 160°) etwa 35 Min. backen.

Variante: Die Törtchen schmecken auch köstlich, wenn Sie statt der Heidelbeeren 200–225 g frische Walderdbeeren unter den Teig heben. Sie können auch normale Milch anstelle der Buttermilch für den Teig verwenden.

Tip! Falls Sie kein Muffin-Blech haben, backen Sie die Törtchen einfach in kleinen Papier-Backförmchen.

Doughnuts

Ganz Amerika · Gelingt leicht

Gebackene Teigkringel

Zutaten für 18 Stück:
50 g weiche Butter
3 Eier
150 g Zucker
200 ml Milch
1 TL echte Bourbon-Vanille
1 Prise Salz
1 Prise Muskatnuß, frisch gerieben
625–650 g Mehl
1 Päckchen Backpulver
Mehl zum Ausrollen
½–2 l Öl zum Fritieren
Zucker zum Wenden

Zubereitungszeit: 1 Std.

Pro Stück: 1100 kJ/260 kcal

1 In einer Schüssel die Butter mit den Eiern und dem Zucker gut cremig schlagen, dann Milch, Vanille, Salz und Muskat unterrühren.

2 Das Mehl mit dem Backpulver mischen, nach und nach mit dem Knethaken des Handrührers unter den Teig rühren und kneten.

3 Den Teig auf bemehlter Fläche etwa 1 cm dick ausrollen. Mit einem Doughnuts-Ausstecher die Teigkringel ausstechen. Falls Sie keinen solchen Ausstecher haben, mit einem Glas von etwa 7 cm Durchmesser Kreise ausstechen. Aus diesen Teigkreisen in der Mitte mit einem Glas von etwa 3 cm Durchmesser jeweils einen Kreis ausstechen, so daß Ringe entstehen.

4 In einem Topf Öl erhitzen, bis an einem hineingehaltenen Holzstäbchen Bläschen emporsteigen. Öl in der Friteuse auf 180° erhitzen. Die Doughnuts portionsweise rundherum goldbraun fritieren, dabei eventuell das Loch in der Mitte mit einem Kochlöffelstiel nachformen.

5 Die fertigen Doughnuts mit einer Schaumkelle herausheben, auf Küchenpapier gut abtropfen lassen. In Zucker wenden und sofort servieren.

Info: Manchmal werden Doughnuts auch aus Hefeteig zubereitet. Den Doughnuts-Ausstecher, mit dem die Vorbereitung der Teigkringel unkompliziert ist, bekommen Sie in größeren Haushaltswarengeschäften.

Bagels
Brötchenringe

Zutaten für 20 Stück:
¼ l Milch
50 g Butter
1 TL Salz
1 EL Zucker
20 g frische Hefe (½ Würfel)
1 Eiweiß
etwa 400 g Mehl
Mehl zum Bearbeiten
1 Eigelb
200 g Räucherlachs
200 g Doppelrahm-Frischkäse
außerdem: Backpapier
nach Belieben zum Servieren:
pro Bagel je 1 TL Kapern und
gehackte Zwiebeln

Zubereitungszeit: 1 Std.
(+ 20 Min. Abkühlen + 1 Std. 20 Min.
Ruhen + 30 Min. Backen)

Pro Stück: 420 kJ/100 kcal

1 Milch, Butter, Salz und Zucker in einen Topf geben und unter Rühren aufkochen, bis die Butter geschmolzen ist. In eine Schüssel umgießen und abkühlen lassen, bis die Mischung lauwarm ist.

2 Die Hefe hineinbröckeln und durch Rühren auflösen. Die Mischung zugedeckt etwa 10 Min. stehen lassen, bis sie Blasen wirft. Das Eiweiß in einer Tasse verquirlen, dann gründlich unter die Hefemilch schlagen.

3 Nach und nach das Mehl unter die Hefemischung arbeiten und alles zu einem glatten, recht weichen Teig verkneten. Den Teig etwa 10 Min. lang kneten, bis er nicht mehr klebt, dann zugedeckt an einem warmen Ort etwa 1 Std. gehen lassen.

4 Aus dem Teig nach und nach etwa 20 hühnereigroße (etwa 40 g schwere) Teigkugeln formen. Dann jede Kugel mit dem Zeigefinger in der Mitte durchdrücken, damit ein Ring entsteht.

5 Den Ring mit dem Zeigefinger auf der leicht bemehlten Arbeitsfläche kreisen lassen, bis das Loch einen Durchmesser von etwa 3 cm hat.

6 Die Kringel auf der Arbeitsfläche liegend mit einem Küchentuch zugedeckt noch etwa 10 Min. gehen lassen. Den Backofen auf 200° vorheizen.

7 In einem Topf reichlich Wasser aufkochen. Jeweils 3 bis 4 Teigkringel auf einmal hineingeben und diese knapp 1 Min. vorgaren. Mit einer Schaumkelle herausheben, gut abtropfen lassen und auf ein mit Backpapier belegtes Blech setzen. (Für die 20 Bagels brauchen Sie zwei Bleche.)

8 Das Eigelb mit 2 EL Wasser verquirlen, die Bagels damit bepinseln. Die Bleche mit den Bagels nacheinander in den Backofen (Mitte, Gas Stufe 3, Umluft 180°) stellen und die Ringe je etwa 15 Min. backen. Mit Räucherlachs und Frischkäse anrichten. Nach Belieben je 1 TL Kapern und gehackte Zwiebeln dazu servieren.

Info: Bagels sind zum Frühstück ebenso beliebt wie zum Lunch. Sie können die Bagels vor dem Backen auch mit Mohn, Sesam oder etwas grobem Salz bestreuen.

Eggs with Hashbrowns

Spiegeleier mit Bratkartoffeln

Ganz Amerika · Gelingt leicht

Zutaten für 4 Portionen:
700 g gekochte Salzkartoffeln
1 große Zwiebel
125 g Bacon (durchwachsener
Räucherspeck), in dünnen Scheiben
2 EL Butter
Salz
schwarzer Pfeffer, frisch gemahlen
6–8 Eier
Butter zum Braten

Zubereitungszeit: 30 Min.

Pro Portion: 2800 kJ/670 kcal

1 Die Kartoffeln eventuell schälen, in 2–3 cm große Würfel schneiden. Die Zwiebel schälen und klein würfeln.

2 Bacon in feine Streifen schneiden, mit der Butter in eine große, beschichtete Pfanne geben. Den Bacon bei mittlerer Hitze leicht anbraten.

3 Die Kartoffeln und die Zwiebelwürfel dazugeben und rundherum goldbraun und knusprig braten, mit Salz und Pfeffer würzen.

4 Gleichzeitig die Eier in zwei anderen großen Pfannen in wenig Butter zu Spiegeleiern braten.

5 Die Eier auf den Bratkartoffeln anrichten und nach Belieben mit Toast servieren.

Info: Ganz gewöhnlich gebratene Spiegeleier heißen in Amerika »sunny side up«. Werden die Spiegeleier gewendet und auch von der anderen Seite gebraten, nennt der Amerikaner dies »turned« oder »turned over«. Oft werden zusätzlich gebratene Würstchen, Schinken- oder Baconscheiben zu diesem Frühstück gereicht.

Tip! Wenn Sie keine gekochten Kartoffeln vom Vortag haben, müssen Sie sie 20–30 Min. in Salzwasser vorgaren und erst gut abgekühlt weiterverarbeiten.

Red Flannel Hash

Aus Neuengland · Deftig

Bauernfrühstück mit Roter Bete

Zutaten für 4–6 Portionen:
3 gekochte Rote Bete
4 gekochte kleine Kartoffeln
2 gekochte kleine Möhren
1 mittelgroße Zwiebel
¹/₂ kleine Paprikaschote
300 g gekochtes gepökeltes Rindfleisch
100 g Räucherspeck, durchwachsen
2 EL Butter
Salz
schwarzer Pfeffer, frisch gemahlen
¹/₂ Bund Petersilie

Zubereitungszeit: 20 Min.

Bei 6 Portionen pro Portion:
1000 kJ/240 kcal

1 Das gekochte Gemüse eventuell noch etwas kleiner würfeln. Zwiebel schälen, Paprikaschote waschen und putzen, beides klein würfeln. Das Rindfleisch ebenfalls klein würfeln.

2 Den Speck würfeln und in Butter in einer großen Pfanne bei mittlerer Hitze knusprig ausbraten. Die anderen vorbereiteten Zutaten untermengen.

3 Alles bei schwacher Hitze offen 5–10 Min. braten, zwischendurch nur leicht und vorsichtig wenden.

4 Die Zutaten in der Pfanne mit Salz und Pfeffer abschmecken. Die Petersilie waschen, trockenschütteln und fein hacken, über das Bauernfrühstück streuen. Zum Beispiel mit Toast servieren.

Info: Dieses Frühstück kommt in Neuengland seit jeher auf den Tisch, wenn am Vortag etwas vom New England Boiled Dinner (S. 114) übriggeblieben ist. Als Beilage gibt es meist gebratene oder pochierte Eier. Heute ist Red Flannel Hash in ganz Amerika beliebt. Als Ersatz für das gekochte Rindfleisch wird meist Corned Beef verwendet.

Tip! Wenn Sie kein übriggebliebenes Gemüse vom Vortag haben, müssen Sie Rote Bete etwa 40 Min., Kartoffeln 20–30 Min. und Möhren etwa 10 Min. in Salzwasser vorgaren. Sie sollten das Gemüse dann sehr gut abkühlen lassen, da es sonst beim Vermengen mit den anderen Zutaten zu schnell zerfällt und nicht mehr so appetitlich aussieht.

Sourdough Waffles

Sauerteig-Waffeln

Aus Alaska · Braucht etwas Zeit

Zutaten für 8 Stück:
Für den Sauerteig-Ansatz:
150 g Mehl
¹/₂ Päckchen Trockenhefe (3,5 g)
Für den Sauerteig:
200 g Mehl
Für die Waffeln am Backtag:
1 Ei · 7 EL Pflanzenöl
60 ml Milch oder Sahne
2 EL Zucker
1 TL Backpulver
¹/₂ TL Salz
etwas Pflanzenöl zum Einfetten

Zubereitungszeit: 1 Std.
(+ 2 Tage Ruhen)

Pro Stück: 1100 kJ/260 kcal

1 Für den Sauerteig-Ansatz das Mehl in eine Schüssel geben. Eine Mulde in die Mitte drücken und Hefe hineinstreuen. ¹/₄ l warmes Wasser (etwa 43° warm) darüber gießen und alles zu einem glatten Teig verrühren.

2 Die Schüssel mit einem Tuch gut zudecken und den Teig für etwa 24 Std. an einen zimmerwarmen, zugfreien Platz (z. B. in den Ofen) stellen. Haben sich anschließend nicht reichlich Bläschen entwickelt, müssen Sie von vorn beginnen.

3 Am nächsten Tag den Sauerteig-Ansatz mit ¹/₄ l gut handwarmem Wasser und nach und nach mit Mehl verrühren. Zugedeckt an einem zimmerwarmen Ort noch etwa 12 Std. ruhen lassen. Auch hierbei müssen sich Bläschen zeigen, sonst können Sie den Teig nicht verwenden.

4 Vom Sauerteig etwa die Hälfte abnehmen, in eine Gefrierdose geben und für anderes Gebäck in den Kühlschrank stellen.

5 Den restlichen Sauerteig mit dem Ei, dem Öl, Milch oder Sahne, Zucker, Backpulver und dem Salz glattrühren.

6 Ein Waffeleisen mit geschlossenem Deckel auf mittlerer Stufe nach

Gebrauchsanweisung aufheizen. Eventuell beide Backflächen dünn mit Öl einpinseln. Beschichtete Geräte brauchen in der Regel nur einmal Fett.

7 Pro Waffel 2–3 EL Teig in die Mitte der unteren Backfläche geben und etwas glattstreichen. Den Deckel schließen und die Waffel goldbraun backen. Nach und nach alle Waffeln backen, bis der Teig aufgebraucht ist.

8 Die Waffeln frisch gebacken servieren, nach Belieben Konfitüre und/oder Butter daraufgeben.

Variante: Schneller geht es, wenn Sie die Waffeln aus einem Backpulverteig backen. Dafür etwa 300 g Mehl mit 1 TL Backpulver, je 1 guten Prise Salz und Zucker, ¹/₂ l Buttermilch und 3 Eigelben verrühren. Dann den Schnee von 3 Eiweißen unterheben und die Waffeln wie beschrieben backen.

Info: In Alaska und an der Westküste Amerikas werden Waffeln, Pfannkuchen und auch feine Brote mit Sauerteig gebacken. Der Sauerteig wurde früher mit Kartoffelwasser angesetzt, heute ist die Verwendung von Trockenhefe üblich. Zwar braucht ein Sauerteig etwas Zeit, allerdings kann der Ansatz, ist er erst einmal fertig, beinahe ewig aufbewahrt werden. Ein Teil des Teigansatzes wird in eine Gefrierdose gegeben, fest verschlossen und in den Kühlschrank gestellt. Wird er dann wöchentlich mit Mehl-Wasser-Gemisch (im Verhältnis wie am zweiten Tag; siehe Rezept Punkt 3) aufgefrischt, ist er jahrelang haltbar. Kenner behaupten, daß der Sauerteig sogar immer besser wird.

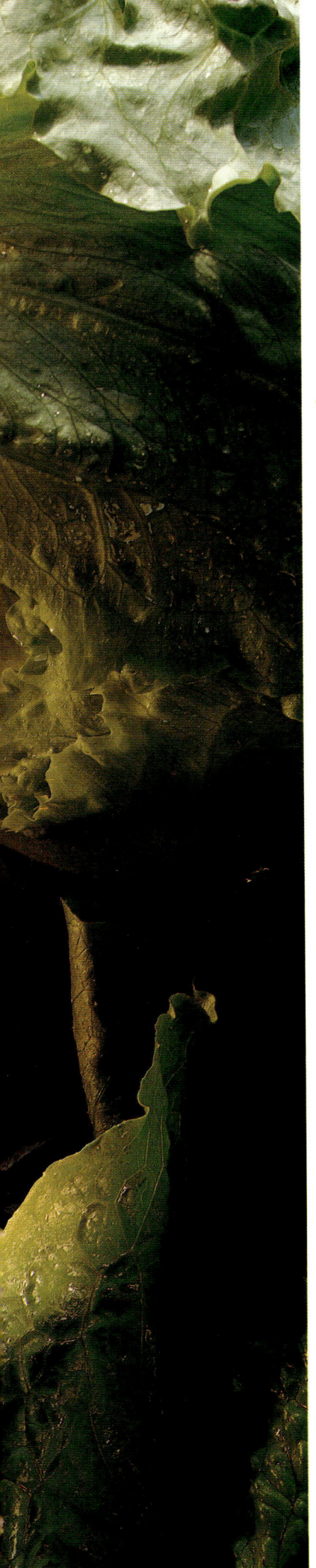

SALATE & VORSPEISEN

Amerikaner lieben Salat – angeblich brachte Kolumbus auf seiner zweiten Reise die ersten Samen mit in die Neue Welt. Salat kommt im ganzen Land als Vorspeise, als Beilage zum Hauptgericht oder als eigenständiges Mittagessen auf den Tisch.

Allerdings ist grüner Salat in Amerika nie sehr beliebt gewesen. Unter Salat verstehen Amerikaner eher Krautsalat oder eine der bunten Mischungen aus allen möglichen Zutaten, in denen der grüne Salat nur eine Nebenrolle spielt. Einige beliebte amerikanische Salat-kompositionen haben es bereits zu Weltruhm gebracht, wie Ceasars Salad, Waldorf Salad und Cole Slaw, die im ganzen Land gerne gegessen werden. In vielen Restaurants sind große Salatbuffets aufgebaut, wo sich jedermann nach Lust und Laune seine Lieblingskreation mit der passenden Sauce zusammenstellen kann. Aber auch zu Hause können Sie so ein Salatbuffet leicht vorbereiten. Ein knackiger Eissalat, ein paar saftige Tomaten, Gurken, Möhren, Paprika, Sellerie, Maiskörner – je bunter und vielfältiger die Auswahl, desto besser. Als »Appetizer« oder »Snack« werden oft auch die verschiedensten Meeres-früchte-Kreationen serviert. Das können gekochte oder gedämpfte Muscheln sein, rohe, fritierte oder überbackene Austern oder auch marinierte oder gebackene Garnelen – die Zubereitungen sind so vielfältig wie die Köstlichkeiten des Meeres.

Waldorf Salad

Apfel-Sellerie-Salat

Zutaten für 4 Portionen:
1 ganz frisches Eigelb
3 EL Zitronensaft
¹/₈ l Pflanzenöl
3–4 EL Milch oder Sahne
Salz
weißer Pfeffer, frisch gemahlen
3 Stangen Sellerie
50 g Walnußkerne
3 feste säuerliche Äpfel
nach Belieben: 4–8 Salatblätter

Zubereitungszeit: 30 Min.

Pro Portion: 1900 kJ/450 kcal

1 Das Eigelb mit 1 EL Zitronensaft in einer hohen Schüssel verrühren. Das Öl zuerst tropfenweise, dann im dünnen Strahl unter kräftigem Rühren dazugeben, bis eine cremige Mayonnaise entstanden ist. Die Mayonnaise mit Milch oder Sahne verrühren, mit Salz und Pfeffer abschmecken.

2 Den Sellerie waschen und eventuell die harten Fasern abziehen. Den Sellerie in dünne Scheiben schneiden. Die Walnußkerne hacken.

3 Die Äpfel waschen und gut abreiben, nach Belieben schälen. Vierteln, entkernen und in etwa 3 cm große Würfel schneiden, sofort mit dem restlichen Zitronensaft beträufeln.

4 Alle Zutaten vermengen und noch einmal abschmecken, den Salat sofort servieren. In einer Schüssel nach Belieben auf einem Salatbett anrichten.

Info: Das Rezept wurde Ende des 19. Jahrhunderts im New Yorker Nobelhotel »Waldorf Astoria« kreiert. Manchmal kommen auch Rosinen, Weintrauben oder kleingeschnittene Ananas in den Salat.

Wichtiger Hinweis: Bitte verwenden Sie nur ganz frische Eier von freilaufenden Hühnern, um das Salmonellenrisiko zu verringern.

Cole Slaw

Krautsalat

Zutaten für 4 Portionen:
60 ml Weißweinessig
1 EL Zucker
1 EL Mehl
1 TL Senfpulver
1 TL Salz
60 g Sahne
1 EL Butter
2 Eier
400 g Weißkohl (Weißkraut)
1 mittelgroße Möhre

Zubereitungszeit: 30 Min.
(+ 3 Std. Marinieren)

Pro Portion: 860 kJ/200 kcal

1 Den Essig mit 50 ml Wasser, Zucker, Mehl, Senfpulver und Salz in einem Topf gründlich verrühren.

2 Die Mischung bei schwacher Hitze unter ständigem Rühren aufkochen. Die Sahne und die Butter dazugeben und die Mischung rühren, bis die Butter geschmolzen ist.

3 Die Eier in einer Tasse verquirlen, 2–3 EL der heißen Flüssigkeit unter die Eier rühren, dann alles in den Topf gießen und gründlich verrühren. Weiter verrühren, bis die Mischung dick wird, dann in eine Schüssel umfüllen.

4 Den Weißkohl putzen, waschen und in feine Streifen schneiden oder raspeln. Die Möhre schälen, ebenfalls grob raspeln. Das Gemüse unter die Sauce mengen und den Salat abschmecken. Vor dem Servieren 2–3 Std. durchziehen lassen.

Info: Der Salat wird überall in Amerika gern zu Steaks oder gebratenem und fritiertem Fisch serviert. Manchmal werden noch Lauchringe dazugegeben, oder er wird mit Mayonnaise angemacht.

Caesar Salad

Romanasalat mit Croûtons

Zutaten für 4 Portionen:
75 g Räucherspeck,
durchwachsen, ohne Schwarte
2 Scheiben Kastenweizenbrot
2–3 Knoblauchzehen
6 EL neutrales Pflanzenöl
1 großer Kopf Romanasalat
(etwa 500 g)
2 ganz frische Eier
100 ml Olivenöl, kaltgepreßt
3–4 EL Zitronensaft
Salz
schwarzer Pfeffer, frisch gemahlen
2 Sardellenfilets
30 g Parmesan (am Stück)

Zubereitungszeit: 30 Min.

Pro Portion: 2700 kJ/640 kcal

1 Den Speck klein würfeln und in einer breiten Pfanne bei schwacher Hitze knusprig braten. Inzwischen das Brot nach Belieben entrinden, dann in etwa 1 cm große Würfel schneiden. Den Knoblauch schälen und hacken.

2 Den Speck aus der Pfanne nehmen und beiseite stellen. Das Öl in der Pfanne erhitzen, die Brotwürfel hineingeben und rundherum bei mittlerer Hitze goldbraun rösten. Gegen Ende der Bratzeit den Knoblauch dazugeben. Die Croûtons auf Küchenpapier entfetten. Den Romanasalat putzen, waschen und gründlich abtropfen lassen oder trockenschleudern. Die Blätter quer in etwa 2 cm breite Streifen schneiden.

3 In einem kleinen Topf Wasser zum Kochen bringen. Die Eier anstechen und für etwa 1 Min. in das kochende Wasser geben. Herausnehmen, kalt abschrecken, aufschlagen und die Eier mit einem Teelöffel aus den Schalen direkt in eine Schüssel geben.

4 Nach und nach Olivenöl und Zitronensaft dazugeben, dabei mit einem Schneebesen kräftig schlagen. Das Dressing mit Salz und Pfeffer abschmecken, den Salat darin wenden.

5 Sardellen kalt abbrausen, abtrocknen und kleinhacken. Parmesan hobeln oder grob raspeln. Die Sardellen und den Speck unter den Salat mischen, die Croûtons und den Parmesan darüber streuen. Den Salat sofort servieren.

Wichtiger Hinweis: Bitte verwenden Sie nur ganz frische Eier von freilaufenden Hühnern, um das Salmonellenrisiko zu verringern.

Chicken Salad

Hähnchensalat

Zutaten für 4 Portionen:
1 kleines Hähnchen, küchenfertig
vorbereitet (etwa 1 kg)
1 Bund Suppengrün
1 EL schwarze Pfefferkörner
75 g Sahne · 100 ml Apfelessig
2 Eigelb · 1 gestr. EL Mehl
1–2 EL Zucker
1/2 EL Senfpulver · Salz
weißer Pfeffer, frisch gemahlen
2 Stangen Sellerie
2 Frühlingszwiebeln
2 EL Zitronensaft
Sellerie- oder Salatblätter

Zubereitungszeit: 45 Min.
(+ 45 Min. Kochen + 2 Std. Kühlen)

Pro Portion: 1600 kJ/380 kcal

1 Das Hähnchen kalt abwaschen und in einen Topf legen, knapp mit heißem Wasser bedecken. Das Suppengrün waschen, putzen und grob zerteilen, mit den Pfefferkörnern ebenfalls in den Topf geben. Wasser aufkochen und das Hähnchen halb zugedeckt bei schwacher Hitze in etwa 45 Min. garen.

2 Das Hähnchen aus der Brühe heben, etwas abkühlen lassen. Die Brühe aufheben. Dann das Hähnchenfleisch von Haut und Knochen befreien und in 2–3 cm große Würfel schneiden. Zugedeckt kalt stellen.

3 75 ml von der Brühe abmessen, dann mit Sahne, Essig, Eigelben, Mehl, Zucker und Senfpulver in einem Topf glattrühren. Unter ständigem Rühren aufkochen und dicklich kochen. Die Sauce mit Salz und Pfeffer abschmecken und 1–2 Std. auf Zimmertemperatur abkühlen lassen.

4 Inzwischen den Sellerie und die Frühlingszwiebeln waschen, putzen und vom Sellerie eventuell die harten Fasern abziehen. Sellerie und Zwiebeln dann in feine Scheiben schneiden. Das Gemüse mit dem Hähnchenfleisch mischen und dieses mit Zitronensaft beträufeln. Das Dressing noch einmal abschmecken, dann über das Hähnchenfleisch träufeln. Sie können den Salat nach Belieben auf einem Bett aus Sellerie- oder Salatblättern anrichten.

Salad Buffet

Salatbüffet

Zutaten für 8 Portionen:
1 Eisbergsalat
1 kleiner Staudensellerie
250 g Tomaten
1 Bund Frühlingszwiebeln
200 g Möhren
1 Dose Maiskörner
(285 g Abtropfgewicht)
100 g Bohnensprossen
100 g Räucherspeck, durchwachsen,
ohne Schwarte
3 Scheiben Toastbrot
2 EL Öl · 3 Eier
1 Bund Schnittlauch
3 EL Sonnenblumenkerne
100 g Käse, gerieben
(z. B. Cheddar)
Für das Blue Cheese Dressing:
1 Knoblauchzehe
100 g milder Edelpilzkäse
100 g Crème fraîche · Salz
weißer Pfeffer, frisch gemahlen
2 EL Olivenöl, kaltgepreßt
Für das French Dressing:
4 EL Weinessig · Salz
schwarzer Pfeffer, frisch gemahlen
1 TL Senf · 16 EL Olivenöl,
kaltgepreßt
Für das Thousand Island Dressing:
75 g Mayonnaise
2 EL Tomatenketchup
1 kleines hartgekochtes Ei
1 kleine rote Paprikaschote
½ Bund frische Petersilie
einige Tropfen Tabasco

Zubereitungszeit: 1 Std.

Pro Portion: 2800 kJ/660 kcal

1 Den Eisbergsalat putzen, waschen und gründlich abtropfen lassen oder trockenschleudern. Den Staudensellerie waschen, eventuell die harten Fasern abziehen. Sellerie in feine Streifen schneiden. Die Tomaten waschen, vierteln oder achteln, dabei von den Stielansätzen befreien.

2 Die Frühlingszwiebeln waschen, putzen und in feine Ringe schneiden. Möhren schälen und grob raspeln.

3 Den Mais abtropfen lassen. Die Bohnensprossen in einem Sieb mit kaltem Wasser abbrausen, gut abtropfen lassen.

4 Den Räucherspeck von Knorpeln befreien und klein würfeln, in eine Pfanne geben und darin bei mittlerer Hitze knusprig ausbraten.

5 Das Toastbrot klein würfeln. Den Speck aus der Pfanne nehmen und auf Küchenpapier abtropfen lassen. Das Öl in der Pfanne erhitzen, die Brotwürfelchen darin bei mittlerer Hitze goldbraun rösten. Die Croûtons auf Küchenpapier entfetten.

6 In einem Topf Wasser aufkochen. Die Eier anstechen und in etwa 8 Min. hart kochen, kalt abschrecken und pellen, dann achteln. Den Schnittlauch waschen, trockentupfen und in Röllchen schneiden.

7 Alle vorbereiteten Zutaten bereitstellen, auch die Sonnenblumenkerne und den Käse in Schüsselchen füllen.

8 Für das Blue Cheese Dressing den Knoblauch schälen. In einer Schüssel

den Edelpilzkäse mit einer Gabel zerdrücken. Knoblauch dazupressen, mit Crème fraîche, Salz, Pfeffer und Olivenöl gründlich verrühren.

9 Für das French Dressing den Essig mit Salz, Pfeffer und Senf verquirlen, das Öl gründlich unterschlagen.

10 Für das Thousand Island Dressing Mayonnaise und Ketchup verrühren. Das Ei pellen, hacken und dazugeben. Paprikaschote putzen, waschen und feinhacken. Petersilie waschen, trockenschütteln und ebenfalls feinhacken. Alles zu den anderen Zutaten geben, mit Tabasco abschmecken.

11 Die Dressings in Schüsselchen füllen und ebenfalls bereitstellen.

12 Jeder stellt sich seinen Salat aus den Zutaten und Dressings nach Belieben zusammen.

Info: Salatbüffets sind überall in den Staaten anzutreffen, sie werden sogar von vielen Fast-food-Ketten angeboten. Oft steht eine riesige Auswahl zur Verfügung. Neben den hier aufgeführten Zutaten werden auch Rote Bete, Sprossen aller Art, Bohnen, Broccoli, Blumenkohl, geraspelter Weißkohl, Lauch, Gurken oder Früchte, Kürbiskerne, Sesamsamen, Nüsse, Oliven oder Thunfisch bereitgestellt.
Beliebtes Dressing ist auch das Italian Dressing. Dafür wird French Dressing mit feingehacktem Knoblauch, Paprikapulver und italienischen Kräutern vermischt. Das French Dressing wird aber manchmal auch mit süßer oder saurer Sahne und/oder Tomatenketchup abgewandelt.

Lomi Lomi

Aus Hawaii · Geht schnell

Salat mit Lachs

Zutaten für 4 Portionen:
500 g feste reife Tomaten
½ Bund Frühlingszwiebeln
125 g frischer Graved Lachs
(gut gekühlt)

Zubereitungszeit: 15 Min.

Pro Portion: 380 kJ/90 kcal

1 Die Tomaten waschen, halbieren, entkernen, von den Stielansätzen befreien und in kleine Würfel schneiden.

2 Die Frühlingszwiebeln waschen, putzen und in feine Ringe schneiden. Den Lachs in feine Streifen schneiden. Alle Zutaten mischen und sofort anrichten.

Variante: Der feine Lachssalat wird manchmal auch mit einem Dressing angerichtet. Dafür wird in einer kleinen Schüssel 1 TL Zucker mit 2–3 EL Reisessig verrührt, bis sich der Zucker aufgelöst hat. Dann werden 2 EL Limetten- oder Zitronensaft und 2–3 EL neutrales Pflanzenöl unter den Essig gerührt. Das Dressing wird mit etwas Senfpulver, Salz und Pfeffer abgeschmeckt und über den Salat gegeben. Wichtig ist auch bei dieser Variante, daß alles gut gekühlt serviert wird.

Info: Das Wort »Lomi« bedeutet in der Landessprache soviel wie »Massage«. Traditionelle Rezepte verwenden für den Salat gesalzenen Lachs, der über Nacht eingeweicht und zwecks zarter Konsistenz »massiert« wird. Der Lachssalat wird auf Hawaii zum »Luau«, einem Festessen, serviert.

Shrimp Cocktail

Aus Louisiana · Würzig

Garnelen-Cocktail

Zutaten für 4 Portionen:
3 Zweige Petersilie
1 Stange Sellerie
3 junge Frühlingszwiebeln
1 EL körniger, mittelscharfer Senf
3 EL Essig
100 ml Olivenöl, kaltgepreßt
Salz
weißer Pfeffer, frisch gemahlen
Cayennepfeffer
400 g gekochte, geschälte Shrimps
(Tiefseegarnelen)

Zubereitungszeit: 20 Min.
(+ 2 Std. Marinieren)

Pro Portion: 1100 kJ/260 kcal

1 Die Petersilie waschen, trockenschütteln und fein hacken. Den Sellerie waschen und eventuell die harten Fasern abziehen. Die Frühlingszwiebeln waschen und putzen. Sellerie und Zwiebeln in feine Scheiben schneiden.

2 In einer Schüssel den Senf mit Essig und Öl verquirlen, Petersilie und das Gemüse unterrühren. Die Sauce mit Salz, weißem Pfeffer und Cayennepfeffer pikant abschmecken.

3 Die Shrimps kurz unter kaltem Wasser abbrausen und auf Küchenpapier abtrocknen, dann mit den anderen Zutaten mischen. Zugedeckt im Kühlschrank etwa 2 Std. durchziehen lassen.

Variante: Amerikaner essen Shrimps auch gerne mit einer würzigen Remouladensauce, in der der scharfe, körnige, dunkle kreolische Senf nicht fehlen darf (siehe Info).

Info: Senf ist in der kreolischen Küche eine beliebte Würzzutat. Gewöhnlich wird dabei ein körniger, scharfer Senf verwendet, der in Amerika auch als »Kreolischer Senf« verkauft wird. Bei uns können Sie den groben, mittelscharfen Rôtisseur-Senf oder auch einen gewöhnlichen scharfen Senf verwenden. Die Küchen Louisianas und der übrigen Südstaaten kennen eine Vielzahl an Garnelen-Rezepten. Nicht umsonst nennt sich das im Staate Mississippi gelegene Küstenstädtchen Biloxi »Shrimp Capital« of the World, Garnelenhauptstadt der Welt.

Oysters Rockefeller

Aus Louisiana · Festlich   **Gratinierte Austern**

Zutaten für 4 Portionen:
3 Frühlingszwiebeln
¹/₂ Stange Sellerie
¹/₂ Bund Petersilie
1 kleiner Zweig Estragon
200 g Blattspinat
100 g Butter
30 g Semmelbrösel
Salz
einige Tropfen Tabasco
1–2 EL Anisschnaps
1 EL Zitronensaft
24 frische, geöffnete Austern
grobes Salz für die Form(en)

Zubereitungszeit: 35 Min.

Pro Portion: 1200 kJ/290 kcal

1 Die Frühlingszwiebeln waschen und putzen. Den Sellerie waschen, eventuell die harten Fasern abziehen. Frühlingszwiebeln und Sellerie fein hacken. Petersilie und Estragon waschen, trockenschütteln und ebenfalls fein hacken.

2 Spinat von welken Blättern und groben Stielen befreien und in stehendem kaltem Wasser zwei- bis dreimal waschen. Dann gründlich trockenschütteln und ebenfalls fein hacken.

3 Den Backofen auf 200° vorheizen. 2 EL Butter in einer Pfanne erhitzen, die Frühlingszwiebeln und den Sellerie darin unter Rühren bei schwacher Hitze etwa 3 Min. garen.

4 Die Kräuter und den Spinat dazugeben und noch weitere 3 Min. unter Rühren garen.

5 Alles mit dem Pürierstab oder im Mixer pürieren. Dann die restliche Butter und die Semmelbrösel untermengen, mit Salz, Tabasco, Anisschnaps und Zitronensaft abschmecken.

6 Einen runden feuerfesten Teller (oder mehrere kleine Formen) mit grobem Salz ausstreuen. Die geöffneten Austern in ihren Schalen darauf setzen. Jeweils etwas Kräuterpaste daraufgeben. Die Austern im Backofen (Mitte, Gas Stufe 3, Umluft 180°) 8–10 Min. gratinieren.

Info: Dieses Rezept wurde erstmals 1899 im Restaurant »Antoine's« in New Orleans serviert. Seitdem hat es Einzug in viele amerikanische Haushalte gefunden.

Steamed Clams

Gedämpfte Muscheln

Zutaten für 4 Portionen:
3 kg Muscheln (steamers small
soft-shell or long-neck clams,
ersatzweise 2–3 kg Miesmuscheln)
2 mittelgroße Zwiebeln
½ Bund Petersilie
250 g Butter
1 Knoblauchzehe

Zubereitungszeit: 1 Std.

Pro Portion: 2300 kJ/550 kcal

1 Die Muscheln gründlich unter fließendem Wasser waschen und abbürsten. Bereits geöffnete Muscheln wegwerfen.

2 Die Zwiebeln schälen und fein würfeln. Die Petersilie waschen, trockenschütteln und fein hacken.

3 In einem breiten Dämpftopf bei mittlerer Hitze etwa 4 EL Butter zerlassen. Die Zwiebeln darin glasig werden lassen, dann die Petersilie einrühren. Den Knoblauch schälen und dazupressen. ¾ l Wasser angießen und dieses aufkochen.

4 Die Muscheln hineingeben und 5–8 Min. bei mittlerer bis starker Hitze dämpfen, bis sie sich geöffnet haben. Muscheln, die sich nicht öffnen, wegwerfen.

5 Die restliche Butter in einem kleinen Topf bei schwacher Hitze schmelzen lassen. Inzwischen die Muscheln mit einer Schaumkelle aus dem Topf in eine tiefe Schüssel geben.

6 Den Sud durch ein feines Sieb abgießen und in vier Schälchen verteilen. Die Butter ebenfalls in vier Schälchen gießen.

7 Die Muscheln auf den Tisch stellen. Jeder bekommt einen Suppenteller, ein Schälchen mit zerlassener Butter und eines mit Sud. Die Muscheln mit einer Gabel aus den Schalen lösen, im Sud schwenken und dann kurz in die Butter tunken.

Tip! Dazu passen frischer Blattsalat und Weißbrot.

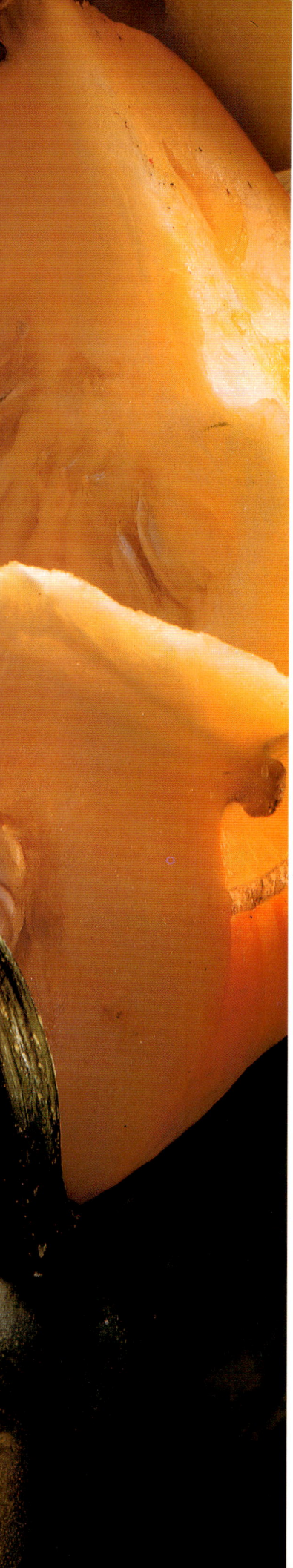

SUPPEN & EINTÖPFE

Es gibt fast kein Lebensmittel, das in Amerika nicht zu einer klaren oder cremigen Suppe, zu einem leichten oder deftigen Eintopf gekocht wird. Natürlich werden Ihnen am häufigsten Suppen und Eintöpfe mit Mais, Kürbis und Meeresfrüchten begegnen, denn das sind einfach die wichtigsten Nahrungsmittel in den Vereinigten Staaten. Bereits die Indianer haben Eintöpfe in ausgehöhlten Kürbissen zubereitet, und sie brachten es dann den ersten Siedlern bei. Eintöpfe wurden damals so oft gegessen, weil normalerweise jede Familie nur einen einzigen Topf besaß. Alles Eßbare kam in diesen großen Eisentopf, der dann über das Feuer gehängt wurde. Nun kochten die Zutaten oft stundenlang vor sich hin, wobei sogar die zähesten Fleisch- und Geflügelstücke zart wurden.

Im Laufe der Zeit entwickelten die amerikanischen Siedlerfrauen klare Suppen, die »soups«, oder cremige Suppen, »chowders«, die zu jeder Mahlzeit gehörten. Da die Arbeit auf den Feldern hart war, aßen die Farmer kräftigende Suppen bereits zum Frühstück.

Jede Region entwickelte ihre eigenen Spezialitäten. So kommt die Ernuß-suppe und die Schwarze-Bohnen-Suppe aus dem Süden, die cremige »Clam Chowder«, eine Muschelsuppe, dagegen aus dem Osten Amerikas. Eine ganz besondere Spezialität sind die üppigen Suppen Louisianas, die »Gumbos«. Ihren Namen haben sie von den Okraschoten (auf afrikanisch Gumbo), die unbedingt hineingehören.

Übrigens wurden die ersten »Instant Suppen« bereits Ende des 19. Jahrhunderts erfunden. Die Pioniere, die zu Pferd oder Wagen nach Westen zogen, haben für ihren langen, beschwerlichen Weg eine Art von Bouillonwürfeln entwickelt, die sie einfach mit heißem Wasser aufgossen. So konnten sie sich überall schnell und unkompliziert eine wärmende und sättigende Mahlzeit bereiten.

Chilled Avocado Soup

Aus Florida · Gelingt leicht

Gekühlte Avocado-Suppe

Zutaten für 4 Portionen:
1 kleine Möhre
1 mittelgroße Zwiebel
1 kleine Tomate
1 Zweig Petersilie
1 kleine Knoblauchzehe
1 Lorbeerblatt
1 TL schwarze Pfefferkörner
2 reife Avocados
3–4 EL Weißweinessig
einige Tropfen Tabasco
Salz
weißer Pfeffer, frisch gemahlen
4–5 Zweige Koriander

Zubereitungszeit: 45 Min.
(+ 4 Std. Kühlen)

Pro Portion: 1100 kJ/260 kcal

1 Die Möhre und die Zwiebel schälen. Die Tomate halbieren, entkernen und vom Stielansatz befreien. Das Gemüse fein würfeln.

2 Die Petersilie waschen, trockenschütteln und fein hacken. Den Knoblauch schälen und die Zehe vierteln.

3 Gemüse, Petersilie, Knoblauch, Lorbeer und Pfefferkörner mit ³/₄ l Wasser in einen Topf geben und das Wasser aufkochen. Halb zugedeckt bei schwacher Hitze etwa 30 Min. köcheln lassen. Durch ein feines Sieb abgießen und die Gemüsebrühe kalt stellen.

4 Die Avocados der Länge nach halbieren und die Steine herausnehmen. Dann das Fruchtfleisch mit einem Löffel aus den Schalen lösen.

5 Das Avocadofleisch sofort mit einem Teil der gekühlten Gemüsebrühe im Mixer oder mit dem Pürierstab pürieren.

6 Das Avocadopüree mit der übrigen Gemüsebrühe verrühren. Mit Essig, Tabasco, Salz und Pfeffer abschmecken. Koriander waschen, trockenschütteln und hacken, unter die Suppe rühren.

7 Die Suppe für 3–4 Std. in den Kühlschrank stellen, dann gut gekühlt servieren.

Info: Wenn Sie den Geschmack von Koriandergrün nicht mögen, können Sie glatte Petersilie als Ersatz verwenden. Allerdings gleichen sich die beiden Kräuter nur optisch, der Geschmack der Suppe wird dann natürlich anders ausfallen.

52

Clam Chowder

Aus Neuengland · Gelingt leicht

Muschelsuppe

Zutaten für 4 Portionen:
1,4 kg Clams (etwa 7,5 cm Ø,
ersatzweise Venusmuscheln,
etwa 200 g ausgelöstes Fleisch)
600 g Kartoffeln, mehligkochend
Salz
50 g Räucherspeck, durchwachsen,
ohne Schwarte
1 mittelgroße Zwiebel
¼ l Milch
1 EL kalte Butter
1 EL Mehl
200 g Sahne
½ Bund Petersilie
2 Zweige Thymian
Salz
weißer Pfeffer, frisch gemahlen

Zubereitungszeit: 1 Std.

Pro Portion: 1900 kJ/450 kcal

1 Die Muscheln gründlich waschen und abbürsten. Bereits geöffnete Muscheln wegwerfen.

2 ¼ l Wasser in einem großen Topf aufkochen, die Muscheln hineingeben und 4–5 Min. bei mittlerer bis starker Hitze kochen lassen, bis sie sich geöffnet haben. In ein Sieb abgießen, den Sud auffangen. Noch geschlossene Muscheln wegwerfen, sie sind nicht genießbar. Die anderen Muscheln aus den Schalen lösen und grob hacken. (Die Venusmuscheln ebenfalls grob hacken.)

3 Kartoffeln schälen und klein würfeln. Etwa 2 l leicht gesalzenes Wasser aufkochen, die Kartoffeln etwa 3 Min. vorgaren. Abgießen und abtropfen lassen.

4 Den Speck von Knorpeln befreien, klein würfeln. Die Zwiebel schälen und ebenfalls klein würfeln. Beides in einen breiten Topf geben, den Speck bei schwacher Hitze ausbraten, die Zwiebeln dabei glasig werden lassen.

5 Die Milch dazugießen, die Kartoffeln untermengen. Alles aufkochen und etwa 5 Min. zugedeckt köcheln lassen.

6 Mit einer Gabel die Butter mit Mehl verkneten, dann stückchenweise unter die heiße Suppe rühren. Die Sahne dazugießen, alles zugedeckt noch etwa 10 Min. bei schwacher Hitze köcheln lassen.

7 Petersilie und Thymian waschen, trockenschütteln und hacken, dann unter die Suppe rühren. Die Muscheln und den Muschelsud ebenfalls dazugeben, alles mit Salz und Pfeffer abschmecken und noch kurz aufkochen lassen.

Peanut Soup

Aus Virginia · Würzig   Erdnuß-Suppe

Zutaten für 4 Portionen:
1 Stange Sellerie
1 mittelgroße Zwiebel
4 EL Butter
1¹/₂ EL Mehl
³/₄ l Hühnerbrühe (Fertigprodukt)
125 g Erdnußcreme (Erdnußbutter)
Salz
schwarzer Pfeffer, frisch gemahlen
1–2 EL Zitronensaft
2 EL geröstete Erdnüsse, ungesalzen

Zubereitungszeit: 30 Min.

Pro Portion: 1600 kJ/380 kcal

1 Den Sellerie waschen, eventuell die harten Fasern abziehen. Die Zwiebel schälen, Sellerie und Zwiebel in feine Würfel schneiden.

2 Butter in einem breiten Topf zerlassen, Sellerie- und Zwiebelwürfel darin bei mittlerer Hitze unter Rühren etwa 3 Min. anschwitzen.

3 Das Mehl darüber streuen, ebenfalls kurz anschwitzen, dann nach und nach die Brühe einrühren.

4 Die Erdnußcreme dazugeben und alles unter Rühren bei schwacher Hitze etwa 10 Min. köcheln lassen.

5 Die Suppe mit Salz, Pfeffer und Zitronensaft abschmecken. Die Erdnüsse grob hacken und zum Servieren über die Suppe streuen.

Info: Erdnußcreme oder Erdnußbutter (diese Bezeichnung ist in Deutschland offiziell nicht zulässig) wird aus gerösteten, gemahlenen Erdnüssen unter Zugabe von etwas Salz, Zucker und Pflanzenöl hergestellt. In Amerika wird »peanutbutter« als Brotaufstrich gegessen und, wie bei dieser Suppe, zum Kochen verwendet.

Erdnüsse

Ursprünglich waren Erdnüsse in den südamerikanischen Anden beheimatet, doch bereits im 17. Jahrhundert kamen sie mit den Spaniern auch nach Nordamerika. Dort wurden sie rasch beliebt, und bereits 100 Jahre später wurden sie in Georgia kommerziell angebaut. Botanisch gesehen gehört die Erdnuß, wie Bohne und Erbse, zu den Hülsenfrüchten. Sie wächst an 30 bis 60 Zentimeter hohen Büschen, die den Erbsenbüschen sehr ähnlich sind. Daher haben Erdnüsse auch ihren englischen Namen »peanut« erhalten, denn »pea« bedeutet Erbse. Die Nüsse wachsen auf sehr

Jeder Amerikaner konsumiert pro Jahr etwa 10 Pfund Erdnüsse.

ungewöhnliche Weise. Nach der Blüte biegen sich die Fruchtstiele der Büsche zum Boden, die an den Spitzen hängenden Hülsen werden einige Zentimeter tief in den Boden gedrückt. Etwa fünf Monate später werden die ganzen

Stauden mit den daran gewachsenen Nüssen aus der Erde gezogen, einige Tage an der Sonne getrocknet und dann weiter verarbeitet. Die Nüsse müssen stets geröstet werden, sonst sind sie zu bitter.

Black Bean Soup

Suppe aus schwarzen Bohnen

Aus dem Süden · Braucht etwas Zeit

Zutaten für 4 Portionen:
200 g getrocknete schwarze Bohnen
1 mittelgroße Zwiebel · 1 Möhre
1 Stange Sellerie
1 EL Butter · 1 Knoblauchzehe
³/₄ l Hühnerbrühe (Fertigprodukt)
100 g Räucherspeck, durchwachsen,
ohne Schwarte
1 Lorbeerblatt · Nelken, gemahlen
Macis (Muskatblüte), gemahlen
Cayennepfeffer · 1 EL Essig
1 EL trockener Sherry · Salz
1 unbehandelte Zitrone
etwas Gartenkresse

Zubereitungszeit: 30 Min.
(+ 12 Std. Einweichen + 2 Std. Garen)

Pro Portion: 1600 kJ/380 kcal

1 Die Bohnen über Nacht in gut ¹/₂ l kaltem Wasser einweichen.

2 Am nächsten Tag die Zwiebel und die Möhre schälen, den Sellerie waschen und eventuell die harten Fasern abziehen. Alles klein würfeln.

3 Gemüse und Butter in einen breiten Topf geben, das Gemüse unter Rühren bei mittlerer Hitze etwa 5 Min. braten.

4 Knoblauch schälen und dazu-pressen, dann die Brühe dazugießen.

5 Bohnen abgießen, abtropfen lassen, dann mit dem Speck in den Topf geben. Alles mit Lorbeer, Nelken, Macis und Cayennepfeffer würzen, aufkochen und

zugedeckt bei schwacher Hitze etwa 2 Std. köcheln lassen, bis die Bohnen ganz weich sind.

6 Den Speck und das Lorbeerblatt entfernen, die Suppe im Mixer oder mit dem Pürierstab glatt pürieren.

7 Das Püree wieder aufkochen, mit den Gewürzen, etwas Essig, Sherry und Salz abschmecken. Falls die Suppe zu dick ist, können Sie sie mit etwas Wasser verdünnen.

8 Die Zitrone schälen und in dünne Scheiben schneiden, mit der Kresse auf die Suppe geben und diese heiß servieren.

Corn Chowder

Hühner-Mais-Suppe

Aus Neuengland · Gelingt leicht

Zutaten für 4 Portionen:
50 g Räucherspeck, durchwachsen
1 EL Öl · 1 Stange junger Lauch
1 Stange Sellerie
¹/₂ l Hühnerbrühe (Fertigprodukt)
2 kleine Kartoffeln, festkochend
1 Dose Maiskörner
(185 g Abtropfgewicht)
200 g Hühnerbrustfilet
100 g Sahne · Salz
weißer Pfeffer, frisch gemahlen
¹/₂ Bund Schnittlauch

Zubereitungszeit: 45 Min.

Pro Portion: 1400 kJ/330 kcal

1 Den Speck von der Schwarte be-freien und klein würfeln, zusammen mit dem Öl in einen Topf geben. Den Speck bei schwacher Hitze ausbraten.

2 Lauch und Sellerie waschen, putzen, vom Sellerie eventuell die harten Fasern abziehen. Lauch und Sellerie in dünne Scheiben schneiden. In den Topf geben und unter Rühren bei schwacher Hitze etwa 2 Min. anschwitzen. Die Brühe dazugießen.

3 Kartoffeln schälen, waschen und in kleine Würfel schneiden. In die Suppe geben und alles zugedeckt etwa 15 Min. bei schwacher Hitze köcheln lassen.

4 Die Maiskörner abgießen. Die Hälfte beiseite stellen, die restlichen pürieren. Das Hühnerbrustfilet in feine Streifen schneiden.

5 Maiskörner, Maispüree, Hühner-fleisch und Sahne zur Suppe geben. Alles mit Salz und Pfeffer abschmecken und noch etwa 5 Min. kochen lassen.

6 Den Schnittlauch waschen, trocken-schütteln und in feine Röllchen schnei-den, über die Suppe streuen.

Pumpkin Soup

Aus Neuengland · Herbstgericht   **Kürbissuppe**

Zutaten für 4 Portionen:
etwa 900 g Kürbis
(oder 600 g geputztes Kürbisfleisch)
50 g Butter
1 EL brauner Zucker
³/₄ l Milch
¹/₂ TL Macis (Muskatblüte),
gemahlen
etwas Muskatnuß, frisch gerieben
1 Msp. Nelkenpulver
Salz
weißer Pfeffer, frisch gemahlen

Zubereitungszeit: 30 Min.

Pro Portion: 1100 kJ/260 kcal

1 Den Kürbis schälen, die Fasern und Kerne entfernen. Das Fruchtfleisch klein würfeln. Die Butter in einem Topf zerlassen, das Kürbisfleisch einrühren und bei mittlerer Hitze rundherum anschwitzen.

2 Den Zucker darüber streuen und schmelzen lassen, dann nach und nach die Milch dazugießen. Alles mit Macis, Muskatnuß, Nelken, Salz und Pfeffer würzen, aufkochen und zugedeckt bei schwacher Hitze etwa 20 Min. köcheln lassen.

3 Die Suppe im Mixer oder mit dem Pürierstab direkt im Topf pürieren, noch einmal aufkochen, nach Belieben abschmecken und heiß servieren.

Variante: Schon die Indianer des Südwestens bereiteten aus Kürbis und Mais, ihren Grundnahrungsmitteln, eine Suppe zu. Dafür müssen Sie die Körner von 3–4 Maiskolben abtrennen, zerstoßen oder pürieren und zusammen mit dem Kürbisfleisch wie oben garen. Statt der frischen Maiskörner können Sie auch 1 Dose Mais verwenden.

Tip! Kürbisfleisch läßt sich gut einfrieren. Sie können es dafür klein würfeln und ganz kurz in kochendes Wasser geben, oder Sie frieren es fertig gegart und püriert ein.

Kürbis

Bereits die Indianer kannten die Vorteile der Kürbisse. Das haltbare, leicht zu züchtende, mineralstoffreiche und vielseitig verwendbare Gemüse lernten auch die neuen Siedler schnell schätzen. Für uns etwas verwirrend ist die Vielfalt der Sorten. Die Amerikaner kennen nicht nur den gelben Riesenkürbis, den »pumpkin«, sondern auch diverse »squashes«, Kürbissorten unterschiedlicher Größe und Farbe.
Überall im Land sind sie anzutreffen, aus dem saftigen Fruchtfleisch entstehen Suppen, Pürees, Aufläufe und sogar köstliche süße Kuchen.

Einige Kürbisse dieser Farm in Vermont werden für Halloween verwendet.

Zu ganz besonderen Ehren kommen Kürbisse am 31. Oktober, an Halloween. Dann werden die gelben Riesen ausgehöhlt, bekommen ein Gesicht verpaßt und werden mittels einer hineingestellten Kerze hell erleuchtet. Phantasievoll verkleidete Kinder ziehen an diesem Abend von Haus zu Haus, treiben Schabernack und erbitten an den Haustüren Süßigkeiten oder Spielsachen.

Boston Baked Beans

Bohneneintopf mit braunem Brot

Zutaten für 6 Portionen:
Für die Bohnen:
500 g getrocknete kleine weiße Bohnenkerne
3 große Zwiebeln
250 g gepökeltes Schweinefleisch, ohne Schwarte (ersatzweise Speck)
2 EL brauner Zucker
6 EL Melasse (aus dem Reformhaus)
2 TL Senfpulver
1 TL Ingwerpulver
2 EL Essig
Salz
schwarzer Pfeffer, frisch gemahlen
Für das Brot:
70 g Roggenmehl (Type 997)
70 g Weizenmehl (Type 1050)
70 g feines Maismehl
3 TL Backpulver
$^1/_2$ TL Salz
4 EL Melasse
$^1/_4$ l Buttermilch
nach Belieben:
50 g kernlose Rosinen
Fett für die Form

Zubereitungszeit: 40 Min.
(+ 12 Std. Einweichen + 3 Std. Garen)

Pro Portion: 2700 kJ/640 kcal

1 Die Bohnen in einen Topf geben, reichlich mit kaltem Wasser bedecken und über Nacht einweichen.

2 Am nächsten Tag die Bohnen im Einweichwasser aufkochen, etwa 10 Min. zugedeckt kochen lassen. In ein Sieb abgießen und mit Wasser abspülen.

3 Den Backofen auf 175° vorheizen. Die Zwiebeln schälen und in große Stücke schneiden, mit den Bohnen mischen.

4 Das Schweinefleisch in etwa 3 cm große Würfel schneiden. Die Hälfte davon auf dem Boden einer großen feuerfesten Kasserolle verteilen. Die Bohnen und dann das restliche Schweinefleisch darüber geben.

5 Etwa $^1/_2$ l Wasser in einem Topf aufkochen. Zucker, Melasse, Senf, Ingwer, Essig, Salz und Pfeffer dazugeben und unter Rühren nochmals aufkochen. Die Mischung über die Bohnen gießen und alles leicht vermengen.

6 Die Kasserolle zudecken und in den Backofen (unten, Gas Stufe 2, Umluft 160°) stellen. Die Bohnen etwa 3 Std. garen, bis sie weich sind. Zwischendurch Wasser dazugießen, wenn die Flüssigkeit nicht ausreicht.

7 Inzwischen für das Brot alle Zutaten zu einem glatten Teig verrühren. Traditionell wird der Teig in eine gut gefettete Blechdose gegeben, Sie können auch eine Puddingform (etwa $^3/_4$ l Inhalt) verwenden. Die Form mit einem Deckel oder mit Alufolie fest verschließen.

8 Einen hohen Topf etwa 4 cm hoch mit Wasser füllen. Einen Siebeinsatz in den Topf stellen, so daß kein Kontakt mit dem Wasser besteht. Das Wasser im Topf aufkochen. Die gefüllte Form hineinstellen, den Topf zudecken und das Brot etwa 3 Std. dämpfen. Dabei eventuell Wasser nachgießen, wenn zu viel verdampft ist.

9 Das Brot noch heiß aus der Form nehmen und in Scheiben schneiden (traditionell mit einer dicken Schnur) und zusammen mit den Bohnen servieren.

Info: Dieses Gericht wurde in ähnlicher Form bereits von den Indianern zubereitet. In Boston kam es später traditionell am Samstag, dem Brotbacktag, als Abendessen auf den Tisch. Die Bohnen wurden dabei zusammen mit dem Brot für die ganze Woche im Ofen gebacken, um die Ofenhitze auszunutzen. Auch das »Brown Bread« wurde im Wasserbad im Ofen mitgebacken, allerdings gelingt es beim Dämpfen im Topf besser und wird lockerer. Wenn die Familie ausreichend Geld hatte, wurde das Essen durch gekochten Schinken angereichert. Reste des Essens gab es am nächsten Morgen zum Frühstück, manchmal ergänzt durch Eier und Speck.

Cioppino

Fischsuppe

Zutaten für 4 Portionen:
1 mittelgroße Zwiebel
2 Frühlingszwiebeln
1 kleine grüne Paprikaschote
5 EL Olivenöl · 1 Knoblauchzehe
1 große Dose geschälte Tomaten
¼ l trockener Weiß- oder Rotwein
1 Bund Petersilie
2 Zweige Basilikum
2 Zweige Oregano · Salz
weißer Pfeffer, frisch gemahlen
etwa 400 g gemischte Filets von
Meeresfischen (z. B. Schwertfisch,
Thunfisch, Meerbrasse, Haifisch)
200 g gekochte, ungeschälte
Tiefseegarnelen
400 g Muscheln
(Miesmuscheln oder Clams)

Zubereitungszeit: 45 Min.
Pro Portion: 1470 kJ/350 kcal

1 Die Zwiebel schälen, die Frühlingszwiebeln und die Paprikaschote waschen und putzen, alles klein würfeln. Das Gemüse und das Olivenöl in einen breiten Topf geben, bei mittlerer Hitze unter Rühren etwa 5 Min. garen. Den Knoblauch schälen und dazupressen, Tomaten mit ihrem Saft und Wein dazugießen. Die Tomaten mit einem Kochlöffel zerdrücken.

2 Die Kräuter waschen und hacken, in den Topf geben. Alles salzen und pfeffern, offen unter häufigem Rühren etwa 10 Min. bei schwacher Hitze köcheln lassen.

3 Inzwischen die Fischfilets in etwa 3 cm große Würfel schneiden. Garnelen kalt abbrausen. Die Muscheln sehr gründlich unter fließendem Wasser waschen und abbürsten, bereits geöffnete Exemplare wegwerfen.

4 Fisch, Garnelen und die Muscheln unter die übrigen Zutaten mischen, alles noch etwa 8 Min. zugedeckt bei schwacher Hitze leicht köcheln lassen, bis sich die Muscheln geöffnet haben. Die Suppe abschmecken und heiß servieren.

Getränk: Dazu paßt ein Weißwein aus dem Nappa Valley.

Info: Cioppino wurde von Fischern erfunden. Es kam alles hinein, was der Fang beschert hatte – also können Sie für dieses Rezept auch heute alle Arten Fisch und Meeresfrüchte variieren.

Seafood Gumbo

Meeresfrüchte-Eintopf

Zutaten für 4 Portionen:
2 mittelgroße Zwiebeln
3 Stangen Sellerie
1 grüne Paprikaschote
4 EL Öl · 2 EL Mehl
4 Knoblauchzehen
3 EL Zitronensaft
einige Tropfen Worcestersauce
einige Tropfen Tabasco
2 Lorbeerblätter
1 TL frischer Thymian · Salz
schwarzer Pfeffer, frisch gemahlen
300 g Okraschoten
3 Frühlingszwiebeln
1/2 Bund Petersilie
200 g gekochte Garnelen, geschält
75 g Krebsfleisch, ausgelöst

Zubereitungszeit: 30 Min.
(+ 1 Std. Garen)
Pro Portion: 910 kJ/220 kcal

1 Die Zwiebeln schälen, den Sellerie und die Paprika waschen und putzen, vom Sellerie eventuell die harten Fasern abziehen. Dann alles klein würfeln.

2 Das Öl in einem breiten Topf erhitzen. Mehl darin unter Rühren bei starker Hitze dunkel anrösten, aber nicht schwarz werden lassen. Das Gemüse gründlich unterrühren, Knoblauch schälen und dazupressen.

3 Etwa 1/2 l heißes Wasser angießen, alles mit Zitronensaft, Worcestersauce, Tabasco, Lorbeer, Thymian, Salz und Pfeffer würzen. Zugedeckt bei schwacher Hitze etwa 30 Min. köcheln lassen.

4 Inzwischen die Okraschoten gründlich waschen, von Spitzen und Stielansätzen befreien und in dicke Scheiben

schneiden. Die Okraschoten unter das übrige Gemüse rühren, die Lorbeerblätter entfernen. Alles zugedeckt bei schwacher Hitze noch etwa 30 Min. köcheln lassen.

5 Die Frühlingszwiebeln waschen, putzen und in feine Ringe schneiden. Die Petersilie waschen, trockenschütteln und fein hacken. Beides zusammen mit den Garnelen und dem Krebsfleisch zum Gemüse geben, alles noch etwa 10 Min. zugedeckt bei schwacher Hitze köcheln lassen. Den Eintopf abschmecken und zum Beispiel auf Reis anrichten.

Tip! Wenn Sie das Gemüse etwas knackiger mögen, reduzieren Sie einfach die Garzeit um die Hälfte.

Brunswick Stew

Aus Virginia · Braucht etwas Zeit

Hähnchen-Gemüse-Eintopf

Zutaten für 4 Portionen:
1 Hähnchen, küchenfertig
vorbereitet (etwa 1,5 kg) · 1 Zwiebel
1 l Hühnerbrühe · 2 Tomaten
200 g Kartoffeln, mehligkochend
1 Dose Maiskörner
(140 g Abtropfgewicht)
150 g tiefgefrorene Dicke Bohnen
1/2 Bund Petersilie · Salz
schwarzer Pfeffer, frisch gemahlen
Cayennepfeffer

Zubereitungszeit: 30 Min.
(+ 50 Min. Garen)

Pro Portion: 1900 kJ/450 kcal

1 Das Hähnchen kalt abwaschen, grob zerteilen und in einen breiten Topf legen. Die Zwiebel schälen, in Ringe schneiden und dazugeben. Die Brühe angießen und aufkochen, das Hähnchen zugedeckt etwa 35 Min. bei mittlerer Hitze garen.

2 Inzwischen die Tomaten überbrühen, häuten, entkernen, vom Stielansatz befreien und klein würfeln. Die Kartoffeln schälen und in kleine Würfel schneiden. Hähnchenstücke aus dem Topf nehmen und beiseite stellen. Die Brühe offen bei starker Hitze auf etwa 1/2 l einkochen lassen.

3 Mais abgießen. Tomaten, Kartoffeln, Bohnen und Mais in die Brühe geben, alles zugedeckt etwa 15 Min. bei schwacher Hitze köcheln lassen. Inzwischen das Hähnchenfleisch von den Knochen lösen und klein schneiden. Das Fleisch in den Topf geben und noch kurz mit erhitzen.

4 Petersilie waschen, trockenschütteln und fein hacken. Den Eintopf mit Salz, Pfeffer und Cayennepfeffer abschmecken. Petersilie über den Eintopf streuen oder unterrühren und servieren.

Philadelphia Pepper Pot

Aus Philadelphia · Gelingt leicht

Kalbfleisch-Eintopf

Zutaten für 6 Portionen:
1 Kalbshaxe (etwa 1 kg, vom
Metzger in grobe Stücke sägen oder
hacken lassen) · 400 g Kutteln
1 TL schwarze Pfefferkörner
Salz · 1 große Zwiebel
2 Stangen Sellerie
1 kleine rote Paprikaschote
200 g Kartoffeln, mehligkochend
1 kleine rote mittelscharfe
Chilischote
50 g Butter · 3 EL Mehl
schwarzer Pfeffer, frisch gemahlen
Saft von einer 1/4 Zitrone

Zubereitungszeit: 45 Min.
(+ 2 Std. Garen)

Pro Portion: 1200 kJ/290 kcal

1 Haxenstücke waschen und in einen großen Topf geben. Kutteln sehr gründlich waschen und zur Kalbshaxe geben.

2 1 1/2 l Wasser dazugießen und aufkochen, Pfefferkörner und Salz dazugeben. Alles zugedeckt bei schwacher Hitze etwa 1 1/2 Std. köcheln lassen, bis Fleisch und Kutteln weich sind. Anschließend aus der Brühe nehmen.

3 Das Fleisch von den Knochen lösen und klein würfeln. Die Kutteln in etwa 1 cm breite Streifen schneiden. Die Brühe durch ein feines Sieb in einen Topf abgießen. Die Zwiebel schälen, den Sellerie und die Paprikaschote putzen und waschen, alles fein würfeln.

4 Kartoffeln schälen, waschen und klein würfeln. Chilischote aufschlitzen, entkernen, waschen und sehr fein hacken. Vorsicht, Hände danach nicht in die Nähe der Augen bringen! Butter in einem breiten Topf zerlassen. Sellerie und Paprika darin unter Rühren bei schwacher bis mittlerer Hitze anbraten.

5 Das Mehl dazustreuen, unter Rühren goldgelb werden lassen, dann langsam etwa 1 1/4 l von der Brühe dazugießen. Offen köcheln lassen, bis die Suppe leicht dicklich wird.

6 Kartoffeln, Chili, Fleisch und Kutteln dazugeben. Halb zugedeckt bei schwacher Hitze noch etwa 30 Min. köcheln lassen. Mit Salz, Pfeffer und nach Belieben mit Zitronensaft abschmecken.

BEILAGEN

Nur wenige der vielfältigen
Gemüsesorten, die in der
amerikanischen Küche gerne
als Beilage zu Fisch und Fleisch
gegessen werden, stammen ursprünglich aus Nordamerika. Die Indianer
kannten Mais, Kürbis und die unterschiedlichsten Bohnensorten, außerdem sammelten sie Pilze und ernteten
Wildreis. Vermutlich waren ihnen auch
schon Süßkartoffeln bekannt. Mais und
Bohnen waren jedoch ihre Haupt-
nahrungsmittel, deren Anbau die ersten
Siedler von ihnen lernten.
Neue Einwanderer, die ins Land
strömten, brachten die robusten und
haltbaren Wurzelgemüse mit, die bald
eine wichtige Nahrungsquelle in
Amerika bildeten. Später kamen
beispielsweise Tomaten und Kartoffeln
aus Südamerika dazu und die
Okraschoten, die aus Afrika eingeführt
wurden. Jede Siedlergruppe brachte
Samen von heimischen Gemüsesorten
mit, so daß heute in Amerika eine
riesige Vielfalt angebaut wird. Entsprechend phantasievoll sind auch die
Zubereitungen. Succotash, das berühmte Mais-Bohnen-Gemüse, wurde schon
immer im Sommer aus frischen und im
Winter aus getrockneten Zutaten
gekocht. Eine einfache, aber köstliche
Beilage sind seit jeher gekochte oder
gebratene Maiskolben, die nur noch mit
etwas Butter und Salz verfeinert
werden. Raffinierter und genauso
beliebt sind Maisküchlein, die bestens
zu gegrilltem Fleisch passen. Im Süden
werden besonders gerne Bohnen-

gerichte zubereitet, wie das typische
Neujahrs-Essen »Hoppin' John«, das
traditionell zu glasiertem Schinkenbraten gegessen wird, oder Bohnen-
mus, das zur »Tex-Mex-Küche« gehört,
und das gut zu gegrilltem Fleisch und
Tortillas, den dünnen Weizenfladen,
paßt. Eingemachtes, wie Relishes,
Pickles und Chutneys, war ebenfalls
schon immer sehr beliebt und darf zu
einem saftigen T-Bone-Steak kaum
fehlen.

Hoppin' John

Bohnen mit Reis

Zutaten für 4 Portionen:
200 g getrocknete Schwarzaugen-
bohnen (ersatzweise Wachtel-
bohnen oder weiße Bohnen)
250 g magerer Räucherspeck,
durchwachsen, ohne Schwarte
1 große Zwiebel
1 EL Öl
1 Knoblauchzehe
200 g Langkornreis
Salz
schwarzer Pfeffer, frisch gemahlen
einige Tropfen Tabasco

Zubereitungszeit: 25 Min.
(+ 12 Std. Einweichen
+ 1 Std. 20 Min. Garen)

Pro Portion: 2700 kJ/640 kcal

1 Die Bohnen in einem Sieb mit kaltem Wasser abspülen. In einen großen Topf geben, 1 l Wasser angießen. Die Bohnen über Nacht im Wasser einweichen.

2 Am nächsten Tag das Wasser aufkochen, die Bohnen zugedeckt bei mittlerer Hitze etwa 1 Std. kochen lassen.

3 Inzwischen den Speck von Knorpeln befreien und klein würfeln. Die Zwiebel schälen, ebenfalls klein würfeln.

4 Den Speck und das Öl in eine Pfanne geben, den Speck bei mittlerer Hitze knusprig ausbraten. Zwiebelwürfel dazugeben und glasig werden lassen. Den Knoblauch schälen und dazu-pressen. Die Pfanne vom Herd nehmen.

5 Die Speckzwiebeln und den Reis zu den Bohnen geben, alles zugedeckt noch etwa 20 Min. bei schwacher Hitze köcheln lassen, bis Reis und Bohnen gar sind und die Flüssigkeit aufgenom-men haben. Eventuell noch etwas Wasser dazugießen, falls die Mischung zu trocken wird und anzubrennen droht.

6 Die Mischung mit Salz, Pfeffer und Tabasco abschmecken und heiß servieren.

Info: Das Bohnen-Reis-Gericht wird oft zusammen mit glasiertem, gebrate-nem Kochschinken und Gemüse ange-richtet. Es ist ein typisches Neujahrs-Essen. Traditionell wird eine Münze unter das Essen gemischt – wer sie findet, darf im folgenden Jahr auf Glück hoffen.

Refried Beans

Aus Texas · Würzig Bohnenpüree

Zutaten für 6 Portionen:
250 g getrocknete schwarze Bohnen
oder Kidneybohnen
1 Zwiebel
4–5 Knoblauchzehen
2 Fleischtomaten
3 EL Schweineschmalz oder Öl
1 Zweig frischer Oregano
Salz
schwarzer Pfeffer, frisch gemahlen
100 g saure Sahne

Zubereitungszeit: 40 Min.
(+ 12 Std. Einweichen + 2 Std. Garen)

Pro Portion: 890 kJ/210 kcal

1 Bohnen in einem Sieb abspülen, dann in 1 l kaltem Wasser über Nacht zugedeckt einweichen.

2 Am nächsten Tag Bohnen mit ihrem Einweichwasser in einen Topf umfüllen, aufkochen und zugedeckt bei schwacher Hitze weich kochen. (Je nach Sorte und Alter dauert das 1½–2 Std.)

3 Die Bohnen in ein Sieb abgießen, das Kochwasser dabei auffangen. Zwiebel und Knoblauch schälen und fein würfeln. Tomaten waschen, überbrühen und häuten, klein würfeln.

4 Das Schmalz oder Öl in einer breiten, schweren Pfanne nicht zu stark erhitzen, die Zwiebel- und die Knoblauchwürfel darin unter Rühren glasig werden lassen. Die Tomaten unterrühren.

5 Nach und nach die Bohnen in die Pfanne geben, mit einer Gabel zerdrücken und kurz anbraten. Erst weitere Bohnen dazugeben, wenn die vorige Portion am Rand leicht knusprig ist.

6 Wenn alle Bohnen verbraucht sind, sollte die Mischung locker und cremig sein, dafür eventuell etwas von dem zurückbehaltenen Kochwasser unterrühren. Oreganoblättchen abzupfen.

7 Das Püree salzen und pfeffern, nach Belieben mit der sauren Sahne anrichten und mit Oregano bestreuen.

Info: Das Püree wird in der Tex-Mex-Küche meist mit Tortillas (Variante S. 118) und Salat serviert.

Stuffed Baked Potatoes

Gebackene Kartoffeln

Zutaten für 4 Personen:
4 große gleichmäßige Kartoffeln,
festkochend
2 EL Öl
4 EL Butter
Salz
schwarzer Pfeffer, frisch gemahlen
125 g saure Sahne oder Crème fraîche
2 Eigelb

Zubereitungszeit: 45 Min.
(+ 1 Std. Garen)

Pro Portion: 1200 kJ/290 kcal

1 Den Backofen auf 200° vorheizen. Kartoffeln gründlich waschen und abbürsten, rundherum mit Öl bestreichen. Auf einem Rost im Ofen (Mitte, Gas Stufe 3, Umluft 180°) etwa 1 Std. backen, bis die Kartoffeln weich sind.

2 Die Kartoffeln etwas abkühlen lassen, dann jeweils einen Deckel abschneiden. Die Kartoffeln mit einem Teelöffel vorsichtig aushöhlen, überall einen knapp 1 cm breiten Rand stehen lassen.

3 Das ausgelöste Kartoffelfleisch mit einer Gabel zerdrücken, 3 EL Butter unterrühren und langsam schmelzen lassen. Das Püree mit Salz und Pfeffer abschmecken.

4 In einer kleinen Schüssel die saure Sahne mit den Eigelben verrühren, die Mischung dann unter das Püree rühren. Das Püree abschmecken und zurück in die Kartoffeln löffeln.

5 Die Kartoffeln nebeneinander in eine Gratinform setzen. Die restliche Butter in kleinen Flöckchen in die Kartoffeln geben, diese im Ofen (oben) noch etwa 5 Min. überbacken.

Variante: Beliebter Snack ist in Amerika »Baked Potatoe Skins«, gebackene Kartoffelschalen. Dafür pro Person 5 kleine bis mittelgroße Kartoffeln wie oben beschrieben im Ofen garen. Dann Kartoffeln quer halbieren, aushöhlen, das Kartoffelfleisch anderweitig verwenden. Kartoffelhälften mit Salz und Pfeffer bestreuen, nebeneinander auf ein Backblech setzen. Geriebenen Käse (Cheddar) in die Kartoffeln streuen, einige Butterflöckchen hineinsetzen und die Kartoffeln im Ofen backen, bis der Käse geschmolzen ist.

Tip! Verwenden Sie wirklich eine festkochende Kartoffelsorte, denn so ist der Geschmack am besten.

Glazed Sweet Potatoes

Aus Neuengland · Gelingt leicht

Glasierte Süßkartoffeln

Zutaten für 4 Portionen:
800 g Süßkartoffeln
Salz
Butter für die Form
100 g brauner Zucker
6 EL Orangensaft
50 g Butter

Zubereitungszeit: 50 Min.

Pro Portion: 1700 kJ/400 kcal

1 Die Süßkartoffeln waschen und in leicht gesalzenem Wasser etwa 10 Min. bei mittlerer Hitze zugedeckt gerade eben gar kochen. Die Kartoffeln abgießen, etwas abkühlen lassen und pellen. Den Backofen auf 175° vorheizen.

2 Eine flache Auflaufform mit Butter ausstreichen. Die Süßkartoffeln in 1–2 cm dicke Scheiben schneiden und in der vorbereiteten Form dachziegelförmig auslegen.

3 Den Zucker und den Orangensaft in einen kleinen Topf geben, den Zucker bei schwacher Hitze schmelzen lassen. Butter einrühren und ebenfalls schmelzen lassen.

4 Diesen Sirup über die Kartoffeln träufeln und alles im Backofen (Mitte, Gas Stufe 2, Umluft 160°) etwa 20 Min. backen.

Variante: Auch aus Neuengland stammen »Mashed Sweet Potatoes«, Süßkartoffelbrei. Dafür 4 große Süßkartoffeln kochen, zerdrücken, mit 2–3 EL zerlassener Butter und 2–3 EL Ahornsirup verrühren sowie mit 1 TL abgeriebener Orangenschale würzen und im Ofen bei 175° (Gas Stufe 2, Umluft 160°) etwa 25 Min. überbacken.

Info: Süßkartoffeln sind auch in anderen Regionen Amerikas beliebt. In den Südstaaten beispielsweise wird oft noch etwas Whiskey und abgeriebene Zitronenschale unter die Zuckersauce gerührt. Manchmal werden zusätzlich gehackte Pecannüsse vor dem Überbacken über die Süßkartoffeln gestreut.

Süßkartoffeln

Der Name verrät bereits den Geschmack der länglich-dicken, bis zu zwei oder gar drei Kilogramm schweren Knollen. Süßkartoffeln, auch Bataten genannt, haben tatsächlich ein leicht süßliches Fruchtfleisch. Das kann fast weiß, bei einer anderen Sorte gelblich und dann sogar leuchtend orange sein und unter einer gelblichen, bräunlichen oder rötlichen Schale sitzen.

In Amerika sind Süßkartoffeln oder Bataten seit jeher mindestens ebenso beliebt wie die »gewöhnlichen« braunen Kartoffeln, und sie

Süßkartoffeln können nur 10–14 Tage aufbewahrt werden.

werden auch auf ähnliche Weise zubereitet. Beide Kartoffelsorten wachsen unter der Erde, und dennoch besteht zwischen ihnen keine botanische Verwandtschaft. Aufgrund ihres etwas höheren Wassergehaltes sind die Bataten nicht so lange haltbar wie unsere Kartoffeln.

Corn on the Cob

Ganz Amerika · Geht schnell Maiskolben

Zutaten für 4 Portionen:
4 frische Maiskolben
1 EL Zucker
Butter
Salz
schwarzer Pfeffer, frisch gemahlen

Zubereitungszeit: 20 Min.

Pro Portion: 290 kJ/69 kcal

1 Die Maiskolben eventuell noch aus den grünen Hüllblättern lösen, dabei auch von den Fäden befreien. Die Maiskolben unter fließendem kaltem Wasser abspülen.

2 In einem breiten Topf reichlich Wasser aufkochen, Zucker und die Maiskolben hineingeben. Den Mais bei mittlerer Hitze zugedeckt etwa 8 Min. kochen lassen, bis die Maiskörner gar sind.

3 Maiskolben mit einem Schaumlöffel oder einer Spaghettizange aus dem Wasser heben, abtropfen lassen, mit Butterflocken belegen sowie salzen und pfeffern.

Info: Gekochte Maiskolben sind eine beliebte Beilage zu verschiedenen Fleischgerichten. Oft werden die Kolben zusätzlich gegrillt und dabei zwischendurch mit würzigem Öl bestrichen, was einen pikanten Geschmack gibt.

Tip! Sie können am besten prüfen, ob die Maiskörner schon gar sind, wenn Sie mit einem spitzen Messer in das Stielende des Kolbens stechen. Es muß sich relativ leicht einstechen lassen.

Corn Oysters

Aus dem mittleren Westen Maisküchlein

Zutaten für 4 Portionen:
2 frische Maiskolben
2 Eigelb
Salz
schwarzer Pfeffer, frisch gemahlen
Muskatnuß, frisch gerieben
1 Eiweiß
3 EL Mehl
Butterschmalz oder Öl zum Braten

Zubereitungszeit: 25 Min.

Pro Portion: 510 kJ/120 kcal

1 Die Maiskolben eventuell noch aus den grünen Hüllen lösen und von Fäden befreien. Unter fließendem Wasser waschen, dann mit einem scharfen Messer die Körner vom Kolben abschaben.

2 In einer Schüssel den Mais mit den Eigelben verrühren, mit Salz, Pfeffer und Muskat würzen.

3 Das Eiweiß zu steifem Schnee schlagen und unter die Maismischung mengen, zuletzt das Mehl darüber streuen und locker untermengen.

4 Butterschmalz oder Öl in einer breiten Pfanne erhitzen. Nach und nach die Maismasse eßlöffelweise in das heiße Fett geben, dabei mit dem Löffel etwas flachdrücken und zu runden Küchlein formen. Die Küchlein von jeder Seite bei mittlerer bis starker Hitze in etwa 2 Min. goldbraun backen, dann mit einer Schaumkelle herausheben und auf Küchenpapier gut abtropfen lassen. Sofort servieren.

Info: Frische Maiskolben können Sie etwa von Juli bis Oktober kaufen. Sie können für die Küchlein aber auch Mais aus der Dose verwenden. Von den großen Ebenen stammt ein sehr ähnliches Rezept mit dem Namen »Corn Fritters«. Die Maismasse wird dort in der Pfanne zu flachen Küchlein gebraten.

Corn Relish

Ganz Amerika · Pikant

Pikantes Mais-Relish

Zutaten für 3 Gläser à 400 ml:
400 g Weißkohl
1 große Zwiebel
1 grüne Paprikaschote
1 rote Paprikaschote
2 Dosen Maiskörner
(je 285 g Abtropfgewicht)
150 g Zucker
2 TL Salz
1 TL Senfpulver
schwarzer Pfeffer, frisch gemahlen
¹/₂ l Apfelessig

Zubereitungszeit: 45 Min.
(+1 Std. Garen)

Pro Glas: 2500 kJ/600 kcal

1 Den Weißkohl waschen, putzen und in feine Streifen schneiden. Die Zwiebel schälen und klein würfeln.

2 Die Paprikaschoten halbieren, putzen und waschen, die Hälften dann in kleine Würfel schneiden.

3 Den Mais in ein Sieb abgießen und abtropfen lassen. Das vorbereitete Gemüse und den Mais in einen breiten Topf geben, Zucker, Salz, Senfpulver, Pfeffer und Essig dazugeben und alles verrühren.

4 Essig aufkochen, dann das Gemüse offen unter häufigem Rühren und bei schwacher Hitze etwa 1 Std. köcheln

lassen. Das Relish abschmecken, noch heiß in gut gesäuberte Gläser füllen und diese sofort fest verschließen.

Variante: Ein Relish kann auch mit anderen Gemüsesorten zubereitet werden, manchmal kommen sogar Früchte hinein. Es wird all das verwendet, was gerade reichlich zur Verfügung steht.

Info: Das Relish hält sich an einem dunklen Platz etwa ein Jahr. Es wird in Amerika am liebsten zu Steaks und anderen Fleischgerichten gegessen. Es ist außerdem eine typische Beilage beim Grillen.

Cranberry Sauce

Preiselbeersauce

Zutaten für 8–10 Portionen:
200 g Cranberries
(ähnlich wie große Preiselbeeren)
100 g brauner Zucker
500 g säuerliche Äpfel
1–2 TL abgeriebene Schale von
1 unbehandelten Orange
Nelkenpulver

Zubereitungszeit: 30 Min.

Bei 10 Portionen
pro Portion:
310 kJ/74 kcal

1 Die Cranberries waschen und verlesen, mit braunem Zucker und $^1/_8$ l Wasser in einem breiten Topf verrühren.

2 Äpfel schälen, vierteln, entkernen, und quer in Scheiben schneiden, sofort zu den Cranberries in den Topf geben.

3 Die Früchte zugedeckt bei schwacher Hitze etwa 15 Min. köcheln lassen, zwischendurch ab und zu umrühren. Eventuell etwas Wasser angießen, wenn die Sauce zu trocken wird.

4 Die Fruchtsauce mit abgeriebener Orangenschale und Nelkenpulver würzen und kalt stellen.

Info: Die Sauce ist eine der klassischen Beilagen zum Thanksgiving-Truthahn, dem »Roast Turkey« (S. 98). Es gibt, wie für alle Rezeptklassiker, viele Varianten. Mal wird mit Orangen, mal ohne Äpfel und ein anderes mal etwas pikanter gewürzt. Cranberry Sauce wird in Neuengland auch gerne zum Rinderschmorbraten gegessen.

Fried Green Tomatoes

Aus dem Süden · Gelingt leicht

Gebackene Tomaten

Zutaten für 4 Portionen:
6 hellrote Tomaten
75 g Weizenmehl
75 g Maismehl
(aus dem Reformhaus)
1 EL brauner Zucker
Salz
schwarzer Pfeffer, frisch gemahlen
1 l Öl zum Fritieren

Zubereitungszeit: 20 Min.

Pro Portion: 2100 kJ/500 kcal

1 Die Tomaten waschen, abtrocknen und in ½–1 cm dicke Scheiben schneiden.

2 Beide Mehlsorten mit Zucker, Salz und Pfeffer auf einem tiefen Teller mischen. Die Tomatenscheiben darin wenden, überschüssiges Mehl abschütteln.

3 In einem Topf Öl erhitzen, bis an einem hineingehaltenen Holzstäbchen Bläschen emporsteigen. Öl in der Friteuse auf etwa 180° erhitzen. Die Tomaten darin nach und nach von beiden Seiten goldbraun backen. Mit einem Schaumlöffel herausnehmen, kurz auf Küchenpapier legen und dadurch etwas entfetten.

Variante: Auf die gleiche Art werden in Amerika »Fried Onion Rings«, gebackene Zwiebelringe, zubereitet. Dafür 300 g mittelgroße, geschälte und in Ringe geschnittene Zwiebeln in die Mehlmischung tauchen und wie oben beschrieben goldbraun backen.

Info: In Amerika werden für dieses Rezept wirklich grüne, unreife Tomaten verwendet. Da diese gesundheitlich nicht ganz unbedenklich sind, sollten Sie hellrote, feste Früchte wählen.

Tip! Die gebackenen Tomaten passen zu Fisch und Fleischgerichten.

Succotash

Aus Neuengland · Geht schnell

Bohnen-Mais-Gemüse

Zutaten für 4 Portionen:
1 kleine Zwiebel
30 g Butter
1 Dose Maiskörner
(etwa 285 g Abtropfgewicht)
1 kleines Glas große Bohnenkerne
(etwa 330 g Abtropfgewicht, z. B.
Lima-Bohnen oder große weiße
Bohnenkerne)
2 Zweige Petersilie
Salz
weißer Pfeffer, frisch gemahlen
2–3 EL saure Sahne

Zubereitungszeit: 20 Min.

Pro Portion: 1500 kJ/360 kcal

1 Die Zwiebel schälen und klein würfeln, in der Butter in einem Topf glasig werden lassen.

2 Den Mais und die Bohnen jeweils mit ihrem Sud dazugeben, alles bei schwacher Hitze etwa 10 Min. garen.

3 Die Petersilie waschen, trockenschütteln und fein hacken. Das Gemüse mit Salz und Pfeffer abschmecken, zum Schluß die saure Sahne und die Petersilie unterrühren.

Info: Dies ist eines der ältesten Gemüsegerichte der USA, die Einwanderer haben es bereits von den Indianern übernommen. Im Sommer wurde und wird es mit frischen, im Winter mit getrockneten Zutaten zubereitet. Succotash wird oft als Beilage zu einem gebratenen Schweineschinken serviert. Dafür etwa 1¼ kg gekochten Schinken mit einer Marinade aus 150 g Honig, 200 ml Wasser, Pfeffer und Paprikapulver einreiben, bei 200° im Ofen (Mitte, Gas Stufe 3, Umluft 180°) etwa 1 Std. braten. Zwischendurch mehrmals mit Marinade bestreichen.

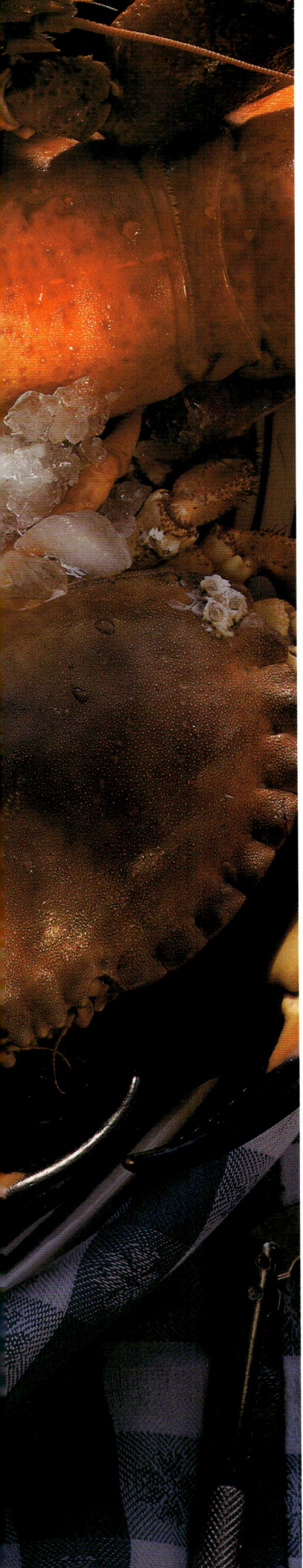

FISCH & MEERESFRÜCHTE

Endlose Meeresküsten, riesige Seen und unzählige Flüsse bescherten den Amerikanern lange Zeit einen enormen Reichtum an Nahrung. Fische und Meeresfrüchte konnten praktisch vor der Haustür gefangen werden. Natürlich hatte und hat jede Region ihre Spezialitäten. An allen Küsten werden Muscheln, Garnelen, Krebse, Hummer und Austern von unterschiedlicher Art und Qualität gefangen. Die besten Hummer stammen aus Maine, im Westen sind die edlen »Dungeness Crabs« begehrt. Im tiefen Süden gibt es reichlich Garnelen und »Crawfish«, feine Süßwasserkrebse. Eine Spezialität Floridas sind »Stone Crabs« mit ihrem edlen Scherenfleisch. In Virginia und Carolina gibt es die köstlichen »Soft-Shell-Crabs«, allerdings nur im Mai und Juni. Es handelt sich dabei um »Blue Crabs«, die vorübergehend ihren Panzer abgeworfen haben.

Bei den Fischen stehen Lachs und Forellen an erster Stelle. Die besten und größten Lachse, »King Salmon« genannt, werden im Nordwesten und in Alaska gefangen, Forellen stammen oft aus den Flüssen der Rocky Mountains. Im Nordosten spielt Kabeljau eine bedeutende Rolle, er wird dort seit jeher auch gesalzen und getrocknet. Zu den besten Fischsorten aber gehören »Redfish« und »Pompano«, beides Sorten, die es in Deutschland kaum zu kaufen gibt. Auch die verschiedenen Muschel- und Krebssorten sind hier nicht ganz einfach zu bekommen. Weichen Sie einfach auf andere Sorten aus, das Gericht wird auch damit wunderbar schmecken. Nur zwei Dinge sind unverzichtbar: absolute Frische und eine genau abgepaßte Garzeit, sonst wird das zarte Fleisch schnell trocken oder zäh.

Lobster Newburg

Hummer in Sahnesauce

Zutaten für 4 Portionen:
2 frische Hummer
(je etwa 800 g, ersatzweise
tiefgefrorene, gekochte Hummer)
2 Schalotten
60 g Butter
1 TL Mehl
4 EL trockener Madeira oder Sherry
200 g Sahne
2 Eigelb
Salz
Cayennepfeffer

Zubereitungszeit: 1 Std.

Pro Portion: 2600 kJ/620 kcal

1 Reichlich Wasser in einem großen Topf aufkochen. Einen Hummer mit dem Kopf zuerst hineingeben und etwa 15 Min. leicht kochen lassen, dann herausheben. Mit dem zweiten Hummer ebenso verfahren. (Tiefgefrorene Hummer auftauen lassen.)

2 Den Hummer mit der linken Hand am Brustpanzer festhalten und die Scheren nacheinander mit drehender Bewegung vom Rumpf trennen.

3 Den Hummer in beide Hände nehmen und den Schwanz nach oben oder unten biegen bis er abbricht.

4 Mit beiden Daumen das Fleisch aus dem Hummerschwanz herausbrechen. Den dunklen Darm entfernen. Mit dem zweiten Hummer genauso verfahren.

5 Dann jeweils von den Scheren die kleine untere Scherenzange samt Knorpelblatt wegbiegen. Das untere Glied abdrehen. Dieses Gelenk auseinanderziehen und das Fleisch entnehmen. Das große Scherenstück längs hochkant auf die Arbeitsfläche legen, mit einem Messer auf das dicke Ende schlagen, so daß ein Sprung entsteht. Dann das Fleisch vorsichtig aus der Schere ziehen. Das Hummerfleisch in Würfel schneiden oder im ganzen lassen.

6 Die Schalotten schälen und sehr klein würfeln. Die Butter in einem breiten Topf bei schwacher Hitze schmelzen und die Schalotten darin leicht glasig werden lassen. Das Mehl dazustreuen, leicht anschwitzen, nach und nach unter ständigem Rühren Madeira oder Sherry und die Sahne in den Topf gießen. Unter Rühren etwa 4 Min. köcheln lassen.

7 Etwas Sauce in eine Tasse umfüllen, Eigelbe dazugeben, beides verquirlen. Die Mischung zurück in den Topf gießen, das Hummerfleisch hineingeben und alles noch einige Min. erhitzen, aber nicht kochen lassen, bis die Sauce dicklich ist, mit Salz und Cayennepfeffer abschmecken, nach Belieben als Ragout servieren oder hübsch anrichten. Dazu paßt Reis.

Crab Cakes

Aus Maryland · Gelingt leicht

Krebsküchlein

Zutaten für 4 Portionen:
¹/₂ Bund glatte Petersilie
2 Schalotten · 1 Ei
2 EL Mayonnaise
¹/₂ TL mittelscharfer Senf
Salz · Cayennepfeffer
75 g Kastenweißbrot · 75 ml Milch
400g Krebsfleisch (aus der Dose)
Für die Sauce:
2 Schalotten
¹/₄ Bund Schnittlauch
¹/₂ Bund Petersilie
1 EL Kapern · 1 Gewürzgurke
150 g Salatmayonnaise
100 g Vollmilchjoghurt
1 TL Senfpulver · Salz
Cayennepfeffer · 1 Zitrone
Öl zum Braten

Zubereitungszeit: 30 Min.
(+ 1 Std. Kühlen)
Pro Portion: 1200 kJ/290 kcal

1 Die Petersilie waschen und trockenschütteln, die Schalotten schälen. Beides sehr fein hacken und mit dem Ei, der Mayonnaise und dem Senf gründlich verrühren, mit Salz und Cayennepfeffer würzen.

2 Das Kastenweißbrot entrinden und zerzupfen, in einer kleinen Schüssel mit der Milch beträufeln.

3 Das Krebsfleisch kleinschneiden, mit dem Weißbrot zur Petersilienmischung geben und alles gründlich vermischen. Die Mischung zu 8 kleinen runden Küchlein formen, diese auf ein Brett legen und mit Pergamentpapier bedeckt etwa 1 Std. kalt stellen.

4 Inzwischen für die Sauce die Schalotten schälen, die Kräuter waschen und trockenschütteln. Alles ebenso wie die Kapern und die Gurke fein hacken, mit der Mayonnaise, Joghurt, Senf, Salz und Cayennepfeffer verrühren und abschmecken.

5 Zitrone waschen und trocknen. Reichlich Öl in einer tiefen Pfanne bei mittlerer Hitze erwärmen, portionsweise die Krebsküchlein darin von jeder Seite in 2–3 Min. goldbraun backen.

6 Fertige Küchlein auf Küchenpapier abtrocknen lassen, zusammen mit der Sauce anrichten. Zitrone in Spalten schneiden und die Küchlein damit garnieren.

Jambalaya

Àus New Orleans · Pikant

Reistopf mit Garnelen

Zutaten für 4 Portionen:
Salz · 200 g Rundkornreis
2 mittelgroße Zwiebeln
1 Knoblauchzehe
2 frische scharfe Chilischoten
3 Stangen Sellerie · 1 Paprikaschote
1 Bund Petersilie · 3 EL Butter
1 kleine Dose geschälte Tomaten
(400 g Nettogewicht)
1 EL Tomatenmark
1 Msp. Nelkenpulver
schwarzer Pfeffer, frisch gemahlen
Cayennepfeffer
200 g gekochter Schinken
(1 fingerdicke Scheibe)
250 g gekochte, geschälte
Tiefseegarnelen

Zubereitungszeit: 45 Min.

Pro Portion: 1900 kJ/450 kcal

1 Etwa 600 ml leicht gesalzenes Wasser in einem Topf aufkochen. Den Reis hineinstreuen und zugedeckt bei schwacher Hitze etwa 20 Min. garen.

2 Inzwischen die Zwiebeln schälen und klein würfeln, den Knoblauch schälen und hacken. Die Chilischoten aufschlitzen, entkernen und waschen, in feine Ringe schneiden. Vorsicht, Hände danach nicht in die Nähe der Augen bringen!

3 Den Sellerie waschen, putzen und in feine Scheiben schneiden. Die Paprikaschote halbieren, putzen, waschen und in feine Streifen schneiden. Die Petersilie waschen, trockenschütteln, die Blättchen fein hacken.

4 Die Butter in einem großen Topf bei mittlerer Hitze aufschäumen, die Zwiebelwürfel darin glasig werden lassen. Knoblauch, Chili, Sellerie und Paprika dazugeben, alles etwa 5 Min. unter Rühren anschwitzen.

5 Die Tomaten mit ihrem Saft dazugeben, mit einem Kochlöffel etwas zerdrücken. Die Hälfte der Petersilie einrühren, alles mit Tomatenmark, Nelkenpulver, schwarzem Pfeffer, Cayennepfeffer und Salz würzen, bei schwacher Hitze etwa 5 Min. köcheln lassen. Inzwischen den Reis in ein Sieb abgießen und abtropfen lassen.

6 Den Schinken in etwa 1 cm große Würfel schneiden. Die Garnelen in einem Sieb mit kaltem Wasser abspülen. Reis, Schinken und Garnelen unter die Tomatensauce mengen. Alles noch etwa 5 Min. zusammen erhitzen, dann abschmecken und mit der restlichen Petersilie bestreut servieren.

Creamed Scallops

Jakobsmuscheln in Sahnesauce

Zutaten für 4 Portionen:
250 g Champignons
1 kleine rote Paprikaschote
2 Frühlingszwiebeln
4 EL Butter
200 g Crème double
Salz
weißer Pfeffer, frisch gemahlen
1 EL Anisschnaps
12 ausgelöste Jakobsmuscheln
(etwa 450 g)

Zubereitungszeit: 30 Min.

Pro Portion: 1800 kJ/430 kcal

1 Die Champignons waschen, putzen und in Scheiben schneiden. Die Paprikaschote halbieren, putzen und waschen, dann in feine Streifen schneiden. Die Frühlingszwiebeln waschen, putzen und in feine Ringe schneiden.

2 Die Butter in einem breiten Topf zerlassen, das Gemüse hineingeben und unter Rühren etwa 5 Min. garen.

3 Die Crème double in den Topf geben, das Gemüse mit Salz, Pfeffer und Anisschnaps abschmecken.

4 Jakobsmuscheln waschen, abtrocknen und eventuell halbieren, in den Topf geben und alles noch etwa 5 Min. bei sehr schwacher Hitze erwärmen.

Variante: Jakobsmuscheln werden in Neuengland auch aufgespießt und gegrillt. Dafür müssen Sie die ausgelösten Muscheln 1–2 Std. in einer Marinade aus einer fein gehackten Zwiebel, 6 EL Zitronensaft, Salz und weißem Pfeffer ziehen lassen, anschließend auf lange Spieße stecken und über dem Holzkohlengrill oder im Ofen unter dem Grill rundherum 8–10 Min. garen. Zwischendurch werden die Muscheln mit zerlassener Butter bestrichen.

Info: Zu den Jakobsmuscheln wird gewöhnlich Reis serviert. Amerikanische Hausfrauen dicken Sahnesauce manchmal noch mit etwas in Wasser aufgelöster Speisestärke oder mit einem verquirlten Eigelb an.

Muscheln

Bei den vielen verschiedenen in Amerika beliebten Muscheln stehen die großen Kammuscheln, zu deren Familie auch die bei uns erhältlichen Jakobsmuscheln gehören, in der Gunst ganz weit oben. Kammuscheln werden in allen Weltmeeren gefangen. An der amerikanischen Ostküste werden »Sea Scallops« und die begehrten »Bay Scallops« mit Schleppnetzen vom Meeresboden geholt, an der Pazifikküste sind es die »Pacific Scallops«. Saison für Kammuscheln ist im Winter. Die Schalen der Muscheln haben zum Rand hin

Jakobsmuscheln erreichen einen Durchmesser von 10 bis 13 Zentimetern.

strahlenförmig verlaufende Rippen. Das recht feste und doch feine Muschelfleisch sollte möglichst frisch verzehrt und behutsam behandelt werden.

Übrigens essen die Amerikaner den orangefarbenen Rogensack nur selten mit. Schade drum, denn der »Corail« ist eine Delikatesse für sich.

Blackened Fish

Geschwärzter Fisch

Zutaten für 4 Portionen:
4 Stücke Fischfilet
(z. B. Red Snapper, je etwa 150 g;
nicht dicker als 2 cm und
möglichst gleichmäßig dick)
2 Zweige frisches Basilikum
1 kleine Zwiebel
1 Knoblauchzehe
1 EL edelsüßes Paprikapulver
1 TL Salz
1 TL Cayennepfeffer
1 TL Zitronenpfeffer
1 TL getrockneter Thymian
50 g Butter
6 EL Olivenöl
nach Belieben: Zitronenspalten und
Petersilie zum Garnieren

Zubereitungszeit: 30 Min.

Pro Portion: 1300 kJ/310 kcal

1 Gartengrill vorheizen (siehe Info). Fischstücke abwaschen und abtrocknen. Den Fisch zugedeckt kalt stellen.

2 Für die Gewürzmischung Basilikum waschen, trockenschütteln und fein hacken. Zwiebel und Knoblauch schälen, sehr fein würfeln. Alles auf einem Teller mit Paprikapulver, Salz, Cayennepfeffer, Zitronenpfeffer und Thymian mischen.

3 Auf dem Grill eine schwere, gußeiserne Pfanne stark erhitzen. Inzwischen Butter in einem kleinen Topf zerlassen, auf einen tiefen Teller gießen und mit dem Olivenöl verrühren.

4 Die Fischstücke zuerst in der Butter-Öl-Mischung, dann in der Gewürzmischung wenden. In die heiße Pfanne legen und von jeder Seite nur 1–2 Min. braten. Vorsicht, Spritzgefahr! Nach Belieben mit Zitronenspalten und Petersilie garnieren. Mit Salat und Reis oder Kartoffeln servieren.

Info: Blackened Fish wird stets im Freien zubereitet, und zwar in einer Eisenpfanne auf dem gut durchgeglühten Grill. In der Küche oder in anderen Räumen wäre die Rauchentwicklung zu stark. Wenn Sie das Rezept doch in Ihrer Küche zubereiten möchten, sollten Sie das Fenster weit öffnen und die Abzugshaube anstellen. Beliebte Fischsorten für diese Zubereitungsmethode sind auch Redfish, Catfish und Pompano, aber auch Hähnchen wird »geschwärzt«.

Catfish with Hush Puppies

Aus dem Süden · Gelingt leicht

Wels mit Maismehlkrapfen

Zutaten für 4 Portionen:
Für die Hush Puppies:
1 mittelgroße Zwiebel
150 g feines Maismehl
2 EL Weizenmehl
1 EL Speisestärke · 1 TL Backpulver
1 TL Salz
1 Ei · ⅛ l lauwarme Milch
½–2 l Öl zum Fritieren
Für den Catfish:
500 g Welsfilet,
im Fischgeschäft vorbestellen
3 EL feines Maismehl
2 EL Weizenmehl · Salz
weißer Pfeffer, frisch gemahlen
Cayennepfeffer · Öl zum Braten
1 unbehandelte Zitrone
Salatblätter zum Garnieren
Chilisauce (Fertigprodukt)

Zubereitungszeit: 40 Min.
Pro Portion: 2200 kJ/520 kcal

1 Für die Hush Puppies die Zwiebel schälen und sehr fein würfeln, mit den übrigen Zutaten zu einem nicht zu festen Teig verrühren.

2 Für den Fisch das Welsfilet portionsgerecht zerteilen. Auf einem Teller Maismehl mit Weizenmehl, Salz, weißem Pfeffer und Cayennepfeffer mischen. Die Fischstücke darin wenden, bis sie ganz mit Mehl überzogen sind.

3 Für die Hush Puppies in einem Topf Öl erhitzen, bis an einem hineingehaltenen Holzstäbchen Bläschen aufsteigen. Öl in der Friteuse auf 180° erhitzen. Den Teig eßlöffelweise in das heiße Fett geben, zwischendurch den Löffel immer wieder in das Fett tauchen. Die Krapfen 2–3 Min. backen,

zwischendurch wenden. Mit einer Schaumkelle herausheben und auf Küchenpapier gut abtropfen lassen.

4 Inzwischen Öl in einer breiten Pfanne erhitzen. Die Welsstücke hineinlegen, bei mittlerer Hitze von jeder Seite 3–4 Min. goldbraun braten. Zitrone und Salat waschen, trocknen. Zitrone achteln. Fisch und Krapfen zusammen anrichten, Zitronenspalten und Salat dazulegen. Mit Chilisauce servieren.

Info: Der etwas ungewöhnliche Name für die Maisbällchen hat eine lustige Geschichte. Früher wurde ein Teil der Fischpanade zu Bällchen geformt, fritiert und dann dem bellenden Hund zugeworfen mit dem Ausruf »Hush, Puppy« – Ruhe, Hündchen.

Codfish Balls

Fischbällchen

Zutaten für 4 Portionen:
500 g Stockfisch (gesalzener,
getrockneter Kabeljau)
500 g Kartoffeln, mehligkochend
Salz
60 g weiche Butter
2 Eigelb
1 TL Senfpulver
Worcestersauce
weißer Pfeffer, frisch gemahlen
nach Belieben 1–2 EL Semmelbrösel
1 l Pflanzenöl zum Fritieren

Zubereitungszeit: 50 Min.
(+ 12 Std. Einweichen)

Pro Portion: 3500 kJ/830 kcal

1 Den Fisch in eine Schüssel legen, mit kaltem Wasser bedecken, zugedeckt im Kühlschrank mindestens 12 Std. einweichen. Zwischendurch das Wasser mehrmals erneuern.

2 Am nächsten Tag den Fisch unter fließendem Wasser abspülen, in einen Topf legen und so viel kaltes Wasser angießen, bis der Fisch 1–2 cm hoch bedeckt ist. Das Wasser aufkochen, dann die Hitze reduzieren und den Fisch halb zugedeckt etwa 20 Min. bei schwacher Hitze leicht köcheln lassen, bis das Fischfleisch weich ist.

3 Den Fisch abtropfen lassen, dann gründlich alle Gräten und Hautstücke entfernen. Das Fleisch mit einer Gabel in kleine Stücke zerreißen.

4 Inzwischen die Kartoffeln schälen, grob würfeln und in leicht gesalzenem Wasser bei mittlerer Hitze in 20–30 Min. gar kochen. Die Kartoffeln abgießen und noch heiß durch eine Presse in eine Schüssel drücken.

5 Das Kartoffelpüree mit dem Fischfleisch, Butter und Eigelben verrühren, mit Senfpulver, Worcestersauce und Pfeffer abschmecken. Falls der Teig zu weich ist, noch mit 1–2 EL Semmelbröseln festigen.

6 Öl in einem großen Topf erhitzen, bis an einem hineingehaltenen Holzstäbchen Bläschen aufsteigen. Öl in der Friteuse auf 180° erhitzen. Die Kartoffel-Fisch-Masse eßlöffelweise in das heiße Öl geben und in etwa 4 Min. goldbraun backen. Vorsicht, Spritzgefahr! Stets nur einige Bällchen gleichzeitig ausbacken.

7 Fertige Bällchen mit einer Schaumkelle aus dem Fett heben und auf Küchenpapier gut abtropfen lassen.

Info: Kabeljau heißt auf amerikanisch Codfish, und dieser Fisch gab dem Ort, an dem die Pilgrims in Amerika an Land gingen, seinen Namen: Cape Cod. Die Siedler aßen ihn frisch und im Winter getrocknet.

Tip! Die Fischbällchen werden oft zusammen mit Cole Slaw (S. 40) oder mit Boston Baked Beans (S. 60) serviert. Reste gibt es dann am Morgen mit Brown Bread zum Frühstück.

Poached Salmon Steaks

Aus Oregon · Gelingt leicht

Lachssteaks

Zutaten für 4 Portionen:
1 kleine Zwiebel
1 Stange Lauch
1 Stange Sellerie
1 Lorbeerblatt
¹/₈ l trockener Weißwein
400 ml Fischfond (Fertigprodukt)
Salz
schwarzer Pfeffer, frisch gemahlen
1 kleine unbehandelte Zitrone
4 Lachssteaks (je etwa 250 g)
2 EL Butter · 2 EL Mehl
100 g Sahne · ¹/₂ Bund frischer Dill

Zubereitungszeit: 35 Min.

Pro Portion: 2700 kJ/640 kcal

1 Die Zwiebel schälen, den Lauch und den Sellerie waschen und putzen, alles grob in Stücke schneiden. Das Gemüse zusammen mit Lorbeer, Wein und Fischfond in einen breiten Topf geben, mit Salz und Pfeffer würzen.

2 Die Zitrone waschen, achteln und ebenfalls in den Topf geben. Die Flüssigkeit im Topf aufkochen.

3 Lachssteaks waschen und nebeneinander auf einen Dämpfeinsatz legen. In den Topf stellen, diesen fest verschließen und die Lachssteaks bei mittlerer Hitze 8–12 Min. (je nach Dicke) dämpfen.

4 Inzwischen die Butter in einem Topf schmelzen lassen, Mehl dazugeben und unter Rühren goldgelb anschwitzen. Mit der Sahne ablöschen und bei schwacher Hitze köcheln lassen.

5 Wenn der Lachs fertig ist, etwa 200 ml von der Dämpfflüssigkeit durch ein feines Sieb zur Sahnesauce gießen und die Sauce kräftig durchkochen. Die Sauce noch mit Salz und Pfeffer abschmecken. Dill waschen, trockenschütteln und hacken, unter die Sauce rühren und diese zusammen mit den Lachssteaks anrichten.

Info: Der Lachs wird auch gerne mit anderen Saucen serviert, beispielsweise mit Sauce Mousseline (Sauce Hollandaise mit geschlagener Sahne).

Tip! Dazu können Sie gedünstetes Gemüse servieren.

Fish with Orange

Aus Florida · Geht schnell

Fisch mit Orangen

Zutaten für 4 Portionen:
1 große unbehandelte Orange
1 mittelgroße Zwiebel
1 TL Salz
4 Fischfilets (je etwa 200 g,
z. B. Wolfsbarsch, s. Info)
Muskatnuß, frisch gerieben
schwarzer Pfeffer, frisch gemahlen
nach Belieben: dünn geschnittene
Orangenscheiben und etwas
streichholzdünn geschnittene
Orangenschale zum Garnieren.

Zubereitungszeit: 25 Min.
(+ 30 Min. Marinieren)

Pro Portion: 690 kJ/160 kcal

1 Orange abwaschen, abtrocknen. Etwas Schale fein abreiben. Orange halbieren, Saft auspressen.

2 Zwiebel schälen und fein würfeln, mit Orangensaft, Orangenschale und Salz in eine breite Schüssel geben.

3 Fischfilets kalt abwaschen, abtrocknen und in die Orangenmischung legen. Darin wenden und zugedeckt bei Zimmertemperatur etwa 30 Min. marinieren. Nach etwa 15 Min. den Backofen auf 200° vorheizen.

4 Die Fischfilets nebeneinander in eine Gratinform legen, leicht mit Muskat und Pfeffer bestreuen. Im Backofen (Mitte, Gas Stufe 3, Umluft 180°) etwa 10 Min. garen, zwischendurch immer wieder mit der Orangenmarinade beträufeln. Mit Orangenscheiben und -streifen garnieren. Den Fisch sofort servieren. Dazu paßt Reis.

Info: In Florida werden für dieses Gericht zumeist Fische mit den Namen Pompano und Red Snapper verwendet. Beides sind Meeresfische mit sehr feinem, weißem Fleisch. Da beide Sorten in Deutschland nur selten angeboten werden, können Sie Wolfsbarsch, Seeteufel oder auch den preiswerteren Kabeljau verwenden.

Stuffed Trout

Gefüllte Forellen

Zutaten für 4 Portionen:
400 g Blattspinat
4 Forellen (je etwa 300 g),
küchenfertig vorbereitet
Salz
schwarzer Pfeffer, frisch gemahlen
1 mittelgroße Zwiebel
100 g Bacon (Frühstücksspeck in
dünnen Scheiben)
3 EL Semmelbrösel
125 g Crème double
2 EL Butter
Butter für die Form
nach Belieben: Zitronenscheiben
zum Garnieren

Zubereitungszeit: 30 Min.
(+ 30 Min. Garen)

Pro Portion: 2900 kJ/690 kcal

1 Den Spinat gründlich waschen und verlesen, dabei welke Blätter und grobe Stiele entfernen. Den Spinat dann tropf-naß in einen breiten Topf geben und zugedeckt bei mittlerer Hitze etwa 4 Min. zusammenfallen lassen.

2 Den Spinat abtropfen lassen, sehr gut ausdrücken und sehr fein hacken.

3 Die Forellen gründlich waschen und säubern, mit Küchenpapier abtrocknen, innen und außen salzen und pfeffern. Zwiebel schälen und klein würfeln.

4 Speckscheiben in einer breiten Pfanne bei mittlerer Hitze knusprig ausbraten, dann auf Küchenpapier legen und abtupfen. Die Zwiebelwürfel in die Pfanne geben und darin glasig werden lassen.

5 Den Speck zerkleinern oder zerbröseln und mit dem Spinat zu den Zwiebelwürfeln geben. Semmelbrösel und Crème double dazugeben und alles gründlich verrühren. Die Mischung mit Pfeffer und wenig Salz abschmecken. Den Backofen auf 175° vorheizen.

6 Mit einem Eßlöffel die Spinatmischung in die Fische füllen. Die Forellen nebeneinander in eine gefettete Auflaufform legen.

7 Die Fische mit Butterflöckchen belegen. Mit einem Deckel zudecken und die Fische im Ofen (Mitte, Gas Stufe 2, Umluft 160°) etwa 30 Min. garen. Die Fische aus der Form heben, nach Belieben auf ein paar Tannenzweigen anrichten. Mit Zitronenvierteln garnieren.

Info: Forellen gehören zu den liebsten Speisefischen der Amerikaner. Wildlebende Exemplare tummeln sich in den Gebirgsflüssen, und zudem werden Forellen vielerorts gezüchtet. Besonders in Idaho gibt es große Zuchtfarmen für Regenbogenforellen.

Tip! Sehr gut schmeckt auch die Füllung aus einer dicken, sahnigen Béchamelsauce, mit 8 mittelgroßen gekochten kleingehackten Garnelen.

FLEISCH & GEFLÜGEL

Ohne das reichlich vorhandene Wildgeflügel hätten die Pilgrim Fathers kaum das erste Jahr in der Neuen Welt überlebt, und ein Truthahn stand deshalb auch im Mittelpunkt des Festmahls beim ersten Erntedankfest.

Neben den Truthähnen jagten sie Gänse und Enten, Wachteln, Lerchen, Tauben und Rebhühner. Das Geflügel wurde über dem offenen Feuer geröstet oder zu Eintöpfen verarbeitet.

Auf ihrem Weg gen Westen trafen die Siedler später auf Büffel, Antilopen und Bären, in den Bergen auch auf Bergschafe und Elche, Hirsche und Rehe, Hasen, Waschbären und Eichhörnchen. Heute kommen all diese Fleischsorten nicht mehr oder nur noch selten auf den Tisch. Auch Lamm und Kalb stehen nicht oft auf dem Speiseplan. Am beliebtesten ist heute in ganz Amerika Rindfleisch, gefolgt von Schweine- und Hühnerfleisch. Die Rinder der riesigen Herden, die durch die Prärie der westlichen Staaten ziehen und von Cowboys gehütet werden, liefern die vorzüglichen Steaks: zarte Filets oder riesige, aus dem Rücken geschnittene T-Bone- und Porterhouse-Steaks mit dem typischen Knochen in der Mitte.

Roast Turkey

Aus Neuengland · Braucht etwas Zeit

Gebratener Truthahn

Zutaten für 8–10 Portionen:
Für das Maisbrot:
Öl für die Form · 100 g Weizenmehl
100 g feines Maismehl
1 TL Backpulver · 1 EL Zucker
½ TL Salz · 4 EL Öl
100 g saure Sahne
100 ml Milch · 1 Ei
Für den Truthahn:
1 Zwiebel
2 Stangen Sellerie · 75 g Butter
200 g Bratwurstbrät
1 Bund Petersilie · 4 Zweige Thymian
3 Zweige Salbei · Salz
schwarzer Pfeffer, frisch gemahlen
200 ml Hühnerbrühe (Fertigprodukt)
1 Baby-Truthahn, küchenfertig
vorbereitet (etwa 3,5 kg)
3 EL Butterschmalz
Für die Sauce:
400 ml Hühnerbrühe (Fertigprodukt)
2 EL Butter · 2 EL Mehl
nach Belieben etwas Sahne
außerdem: Küchengarn

Zubereitungszeit: 1¼ Std.
(+ 25 Min. Backen + 2 Tage Ruhen
+ 2 Std. Braten)

Bei 10 Portionen pro Portion:
3300 kJ/790 kcal

1 Einen oder zwei Tage vor dem Essen das Maisbrot backen. Dafür den Backofen auf 200° vorheizen. Eine etwa 18 cm große Auflaufform gründlich fetten. Alle Zutaten für den Teig in einer Schüssel rasch verrühren, in die Auflaufform umfüllen und im Backofen (unten, Gas Stufe 3, Umluft 180°) etwa 25 Min. backen.

2 Am Tag des Essens die Zwiebel schälen und den Sellerie waschen. Das Gemüse klein würfeln. Die Butter in einer Pfanne aufschäumen, das Gemüse darin bei schwacher Hitze etwa 5 Min. garen. Brät dazugeben und alles noch 3–4 Min. unter Rühren braten. Die Kräuter waschen, trockenschütteln und hacken, unter das Gemüse rühren. Alles mit Salz und Pfeffer würzen.

3 Das Maisbrot in etwa 3 cm große Würfel schneiden, nach und nach mit Brühe und der Gemüsemischung verrühren. Dabei soll die Masse feucht, aber nicht flüssig sein. Eventuell nicht das ganze Brot verwenden, denn die Menge ist reichlich.

4 Den Truthahn waschen. Innen und außen mit Salz und Pfeffer einreiben, mit der Maisbrotmischung füllen. Die Bauchöffnung mit Küchengarn zunähen und den Vogel dressieren, d. h. die Flügel unter den Rücken stecken und die Keulen zusammenbinden, damit er gleichmäßig gart.

5 Den Backofen auf 175° vorheizen. Butterschmalz in einem großen Bräter auf dem Herd erhitzen, den Truthahn darin bei starker Hitze rundherum anbraten. Den Vogel dann auf die Brustseite legen und in den Backofen (unten, Gas Stufe 2, Umluft 160°) schieben.

6 Den Truthahn mindestens 2 Std. braten, dabei umdrehen, wenn er Farbe bekommt, und ab und zu mit Bratenfond begießen. Der Truthahn ist gar, wenn Sie in eine Keule an der dicksten Stelle mit einer Nadel stechen und nach dem Herausziehen der Nadel klarer Saft aus der Keule austritt.

7 Den Truthahn im ausgeschalteten Ofen warm stellen. Den Bratenfond entfetten, d. h. zuerst die klare Fettschicht mit einem Löffel abschöpfen, weiteres Fett mit Küchenpapier aufsaugen. Dann den Fond mit Brühe ablöschen, in einen Topf umgießen und aufkochen. Butter mit Mehl verkneten, stückchenweise unter die Brühe rühren. Die Sauce kräftig durchkochen, abschmecken, nach Belieben mit etwas Sahne abrunden und zum Truthahn servieren.

Info: Der gefüllte Truthahn ist eines des klassischsten und am weitesten verbreiteten Rezepte in ganz Amerika. Er wird überall am Thanksgiving Day, dem Erntedankfest, zubereitet.

Tip! Statt Maisbrot können Sie auch einen Tag altes Weizenbrot für die Füllung verwenden. Sie brauchen etwa 4 dicke Scheiben Kastenweizenbrot. Wenn die Füllung nicht vollständig in den Vogel paßt, können Sie sie in eine feuerfeste Schüssel und darin für die letzten 15 Min. Bratzeit mit in den Ofen geben und extra servieren.

Beilagen-Tip! Zum Erntedank-Truthahn gibt es Cranberry Sauce (S. 77) und Glazed Sweet Potatoes (S. 72). Aber auch Mais, Kartoffelpüree, Wildreis oder Broccoli sind beliebte Beilagen.

Southern Fried Chicken

Gebackenes Hähnchen

Aus dem Süden · Geht schnell

Zutaten für 4 Portionen:
1 großes Brathähnchen, küchenfertig
vorbereitet (etwa 1,8 kg)
Salz
schwarzer Pfeffer, frisch gemahlen
Milch
¹/₂–2 l Öl zum Fritieren
Mehl

Zubereitungszeit: 30 Min.

Pro Portion: 2500 kJ/600 kcal

1 Hähnchen in 8 Stücke teilen, diese abwaschen und abtrocknen. Hähnchenteile rundherum mit Salz und Pfeffer einreiben, in eine hohe Schüssel legen und mit Milch bedecken. Etwa 15 Min. ruhen lassen. Backofen auf 75° vorheizen.

2 In einem Topf das Öl erhitzen, bis an einem hineingehaltenen Holzstäbchen Bläschen aufsteigen. Öl in der Friteuse auf 180° erhitzen. Die Hähnchenteile aus der Milch nehmen, abtrocknen und rundherum mit Mehl bestäuben. Portionsweise in das heiße Öl geben und rundherum in etwa 10 Min. goldbraun ausbacken. Dann herausnehmen.

3 Fertige Hähnchenteile im Ofen (Gas niedrigste Stufe, Umluft 50°) warm halten, während die übrigen gebacken werden. Dann sofort servieren.

Variante: Wenn Sie das Hähnchen mit Gemüse anrichten und durch eine cremige Béchamelsauce ergänzen, nennt sich das ganze »Chicken Royal«. Für die Béchamelsauce 2 EL Butter in einem Topf erhitzen, 2 EL Mehl hineinstreuen und bei mittlerer Hitze goldgelb rösten. Etwa 200 ml Hühnerbrühe (Fertigprodukt) und 100 g Sahne einrühren, alles einige Minuten cremig kochen. Mit Salz und Pfeffer abschmecken.

Chicken à la King

Hühnerfrikassee

Aus New York · Gelingt leicht

Zutaten für 4 Portionen:
1 Hähnchen, küchenfertig
vorbereitet (etwa 1,5 kg)
1 EL Pfefferkörner
2 Lorbeerblätter
200 g Champignons
1 kleine grüne Paprikaschote
4 EL Butter · 2 EL Mehl
200 g Sahne · Salz
weißer Pfeffer, frisch gemahlen
Paprikapulver, edelsüß
2 Eigelb
1 kleine rote mittelscharfe
Chilischote
2–3 EL trockener Sherry

Zubereitungszeit: 50 Min.
(+ 45 Min. Garen)

Pro Portion: 2800 kJ/670 kcal

1 Das Hähnchen waschen, in einen Topf legen, knapp mit kaltem Wasser bedecken, Pfefferkörner und Lorbeer dazugeben. Wasser aufkochen, das Hähnchen halb zugedeckt bei mittlerer Hitze etwa 45 Min. köcheln lassen.

2 Das Hähnchen aus der Brühe heben, das Fleisch von Haut und Knochen befreien und in Streifen schneiden. Brühe durchsieben, etwa 300 ml davon abmessen.

3 Champignons waschen und in dünne Scheiben schneiden. Paprikaschote putzen und in feine Streifen schneiden. Butter in einem Topf zerlassen, das Gemüse hineingeben und unter Rühren etwa 5 Min. bei schwacher Hitze braten.

4 Das Mehl über das Gemüse streuen und kurz mit anbraten, dann nach und nach die 300 ml Brühe und die Sahne einrühren. Aufkochen, alles mit Salz, Pfeffer und Paprikapulver würzen und etwa 6 Min. köcheln lassen. Hühnerfleisch dazugeben und erhitzen.

5 Etwas Sauce aus dem Topf in eine Schüssel geben, Eigelbe mit der Sauce verrühren. Die Mischung zurückgießen und alles noch kurz erhitzen, aber nicht kochen lassen.

6 Chilischote aufschlitzen, entkernen, waschen und in ganz feine Ringe schneiden. Vorsicht, Hände danach nicht in die Nähe der Augen bringen! Mit dem Sherry unter das Frikassee rühren, pikant abschmecken.

Stuffed Quails

Gefüllte Wachteln

Zutaten für 4 Portionen:
1 mittelgroße Zwiebel
2 EL Butter
125 g Wildreis
¹/₄ l Hühnerbrühe (Fertigprodukt)
8 Wachteln, küchenfertig
vorbereitet · Salz
schwarzer Pfeffer, frisch gemahlen
8 dünne Scheiben Räucherspeck
(Bacon)
4 EL zerlassene Butter zum
Bestreichen
Für die Sauce:
200 g kleine Champignons
1 mittelgroße Zwiebel · 2 EL Mehl
¹/₄ l Hühnerbrühe · 2 EL Whiskey
2 EL frischer Thymian · Salz
schwarzer Pfeffer, frisch gemahlen
2 EL Crème double
außerdem: Küchengarn

Zubereitungszeit: 1 Std.
(+ 45 Min. Garen)
Pro Portion: 3300 kJ/790 kcal

1 Für die Füllung die Zwiebel schälen und fein würfeln, mit der Butter in einen Topf geben, bei schwacher Hitze glasig werden lassen. Wildreis und Brühe dazugeben, aufkochen und den Wildreis zugedeckt bei schwacher Hitze je nach Sorte 20–45 Min. garen.

2 Den Backofen auf 200° vorheizen. Die Wachteln mit Salz und Pfeffer einreiben. Den Wildreis in einem Sieb abtropfen lassen, salzen, pfeffern und die Wachteln locker damit füllen. Bauchöffnungen mit Küchengarn zunähen.

3 Die Wachteln mit den Brüstchen nach oben nebeneinander in einen ungefetteten Bräter legen. Jeweils eine Speckscheibe locker gefaltet über die Wachteln legen. Die Wachteln im Backofen (Mitte, Gas Stufe 3, Umluft 180°) etwa 20 Min. braten, zwischen-durch mehrfach mit Butter und dem sich bildenden Bratenfond bestreichen.

4 Für die Sauce Champignons putzen und in dünne Scheiben schneiden. Die Zwiebel schälen, fein würfeln. Die fertigen Wachteln aus dem Ofen nehmen. Die Wachteln mit Speck auf eine Platte heben und im ausgeschalte-ten Ofen warm stellen.

5 Den Bräter auf den Herd stellen. Pilze und Zwiebelwürfel hineingeben und unter Rühren bei mittlerer Hitze einige Min. anbraten. Mehl darüber streuen, Brühe angießen. Die Sauce cremig kochen, mit Whiskey, Thymian, Salz und Pfeffer abschmecken, mit Crème double verfeinern und zu den Wachteln servieren.

Wildreis

Bei diesen länglichen, dünnen schwarzen Körnchen handelt es sich nicht etwa um eine spezielle Reissorte, sondern um den Samen einer Grasart. Sie wächst nur in den nordamerikanischen Flüssen und Seen Minnesotas, Wisconsins und Michigans sowie in Kanada. Die Samen werden traditionell vom Boot aus geerntet, dann in der Sonne getrocknet und gedroschen. Bis vor kurzem war diese Ernte noch reine Handarbeit – entsprechend kostbar und teuer war Wildreis. Inzwischen kann Wildreis kultiviert und maschinell geerntet werden, was sich natürlich auch im Preis niederschlägt.

Wildreis wächst nur in einigen Seen und Flüssen der USA und Kanadas.

Die Körnchen haben einen intensiven Nußgeschmack und enthalten nur wenig Fett, weshalb sie haltbarer als Naturreis sind. Sie werden ähnlich wie Reis zubereitet, allerdings kommen auf eine Tasse Wildreis etwa vier Tassen Wasser, zudem beträgt die Garzeit bei den meisten Sorten etwa 45 Minuten. Beachten Sie aber bitte die Packungsangaben – einige neue, speziell behandelte Sorten sind nämlich schon nach 20 Minuten gar.

Beef Potpie

Rindfleischpastete

Zutaten für 4 Portionen:
Für das Fleisch:
600 g Rindfleisch zum Schmoren
(z. B. Keule oder Schulter)
2 große Zwiebeln
2 Knoblauchzehen
3 EL Öl
Salz
schwarzer Pfeffer, frisch gemahlen
2 EL Mehl
1 Lorbeerblatt
500 g Kartoffeln, festkochend
400 g Möhren
1 Bund Petersilie
Für den Teig:
200 g Mehl
1 TL Salz
70 g kalte Butter
70 g Schweineschmalz
1–2 EL eiskaltes Wasser
Mehl zum Ausrollen
1 Eigelb zum Bestreichen

Zubereitungszeit: 1 Std.
(+1 Std. 20 Min. Garen + 3½ Std.
Kühlen + 45 Min. Backen)

Pro Portion: 3800 kJ/900 kcal

1 Das Rindfleisch waschen und abtrocknen. Überschüssiges Fett und Sehnen abschneiden und das Fleisch in 2–3 cm große Würfel schneiden.

2 Die Zwiebeln und den Knoblauch schälen. Zwiebeln klein würfeln, Knoblauch durch die Presse drücken.

3 Das Öl in einem Schmortopf erhitzen, das Fleisch darin bei starker Hitze nach und nach anbraten. Zuletzt die Zwiebeln und den Knoblauch mit anbraten. Alles mit Salz und Pfeffer kräftig würzen.

4 Das Mehl über das Fleisch streuen und unter Rühren kurz anbraten, dann etwa ¼ l Wasser einrühren. Das Lorbeerblatt dazugeben, das Fleisch zugedeckt bei schwacher Hitze etwa 1 Std. schmoren lassen.

5 Inzwischen für den Teig das Mehl mit Salz, der Butter, dem Schmalz und dem Wasser verkneten. Eventuell noch 1–2 EL eiskaltes Wasser dazugeben, bis der Teig zusammenhält. In Klarsichtfolie wickeln und 2–3 Std. in den Kühlschrank legen.

6 Die Kartoffeln und die Möhren schälen und in etwa 3 cm große Würfel schneiden. Zum Fleisch geben, alles noch etwa 20 Min. schmoren.

7 Die Petersilie waschen, trockenschütteln und fein hacken, unter das Ragout mischen. Dieses kräftig abschmecken, in eine 25–30 cm große Auflaufform umfüllen und etwa 30 Min. abkühlen lassen. Den Backofen auf 200° vorheizen.

8 Den Teig auf leicht bemehlter Fläche in Schüsselgröße ausrollen, nach Belieben eine Verzierung hineinschneiden. Den Teig über die Form mit dem Fleischragout heben.

9 Den Teig am Rand gleichmäßig mit den Fingerkuppen andrücken. In einer Tasse das Eigelb verquirlen und den Teig damit bestreichen. Die Pastete im Ofen (Mitte, Gas Stufe 3, Umluft 180°) etwa 45 Min. backen.

Getränk: Zu dem kräftigen Essen paßt ein ebensolcher Rotwein am besten.

Info: Pasteten wie diese werden mit den unterschiedlichsten Zutaten gebacken. Sehr häufig wird Übriggebliebenes vom Sonntagsbraten auf diese Art zu einem feinen, neuen Essen verarbeitet.

Meatloaf with Bacon

Hackbraten mit Speck

Zutaten für 4 Portionen:
2 Scheiben altbackenes Weißbrot
2 mittelgroße Zwiebeln
2 Knoblauchzehen
500 g Rinderhackfleisch
150 g Schweinehackfleisch
150 g Kalbshackfleisch
1 Ei
1 TL getrockneter Thymian
3 EL mittelscharfe Chilisauce
(Fertigprodukt)
Salz
schwarzer Pfeffer, frisch gemahlen
150 g Bacon (durchwachsener
Speck), in dünnen Scheiben

Zubereitungszeit: 30 Min.
(+ 1 Std. Braten)

Pro Portion: 3200 kJ/760 kcal

1 Den Backofen auf 200° vorheizen. Das Weißbrot toasten, um es noch etwas trockener werden zu lassen, dann fein zerbröseln. Zwiebeln und Knoblauch schälen und sehr fein würfeln.

2 Brot, Zwiebeln, Knoblauch, Hackfleisch, Ei, Thymian, Chilisauce, Salz und Pfeffer in eine Schüssel geben und vermengen. Auf einem Brett mit den Händen zu einem länglichen Laib formen.

3 Die Hälfte der Speckscheiben nebeneinander in einen Bräter legen. Den Hackfleischlaib darauf legen und mit den übrigen Speckscheiben bedecken.

4 Den Bräter in den Backofen (Mitte, Gas Stufe 3, Umluft 180°) stellen, den Hackbraten etwa 1 Std. braten.

Variante: Im Süden ist »Hamloaf«, Schinkenbraten, beliebt. Dafür wird 400 g gekochter Schinken durch den Fleischwolf gedreht und zusammen mit 250 g Schweinehackfleisch, 1 Ei, Senf, Salz, Pfeffer, einer geschälten, geriebenen Zwiebel und 75–100 g Semmelbröseln zu einem Fleischteig vermischt, pikant abgeschmeckt und zu einem Laib geformt. Dieser wird in einem Bräter im Ofen bei 200° (Mitte, Gas Stufe 3, Umluft 180°) etwa 1 Std. gebacken. Dabei wird er mehrmals mit einer Sauce aus 50 g braunem Zucker, $1/2$ TL Senfpulver, 2 EL Wasser und 2 EL Weinessig beträufelt.

Yankee Pot Roast

Aus Neuengland · Braucht etwas Zeit

Schmorbraten nach Yankee-Art

Zutaten für 4 Portionen:
75 g Räucherspeck, durchwachsen,
ohne Schwarte
2 EL Öl
1 kg Rinderschmorbraten
schwarzer Pfeffer, frisch gemahlen
1 große Zwiebel
¼ l Rinderbrühe (Fertigprodukt)
1 Lorbeerblatt
Salz · 400 g Möhren
400 g weiße Rübchen
400 g kleine Kartoffeln, festkochend
2 EL Butter · 2 EL Mehl
½ Bund Petersilie

Zubereitungszeit: 45 Min.
(+ 2½ Std. Schmoren)

Pro Portion: 2500 kJ/600 kcal

1 Den Backofen auf 175° vorheizen. Den Speck grob würfeln, mit dem Öl in einen feuerfesten Schmortopf geben. Speck bei mittlerer Hitze ausbraten, dann aus dem Topf nehmen. Das Fett im Topf zurücklassen.

2 Das Fleisch rundherum mit Pfeffer einreiben, in dem Topf bei starker Hitze rundherum anbraten.

3 Zwiebel schälen und klein würfeln, in den Topf geben, etwas Farbe annehmen lassen. Brühe angießen, mit Lorbeer und Salz würzen. Den Topf zugedeckt in den Backofen (unten, Gas Stufe 2, Umluft 160°) stellen, das Fleisch etwa 2 Std. schmoren.

4 Inzwischen Möhren, Rübchen und Kartoffeln waschen, schälen und grob würfeln. Das Gemüse nach 2 Std. zum

Rindfleisch geben, eventuell noch etwas Wasser angießen. Alles zugedeckt weitere 30 Min. im Ofen schmoren.

5 Butter in einem kleinen Topf zerlassen. Mehl einstreuen, unter Rühren goldbraun werden lassen. Topf vom Herd nehmen.

6 Den Schmortopf aus dem Ofen nehmen. Fleisch und Gemüse auf eine Servierplatte geben, im ausgeschalteten Ofen warm halten. Die Mehlschwitze zum Bratenfond in den Schmortopf geben und die Sauce noch kurz durchkochen, dann abschmecken. Petersilie hacken und über Braten und Gemüse streuen, die Sauce dazu servieren.

Getränk: Zu dem Schmorbraten paßt ein kräftiger Rotwein besonders gut.

Hamburger

Hamburger

Ganz Amerika · Gelingt leicht

Zutaten für 4 Portionen:
600 g Rindfleisch
(z. B. aus der Schulter oder Hüfte),
eventuell schon vom Metzger
zu grobem Hackfleisch
durchdrehen lassen
Salz
schwarzer Pfeffer, frisch gemahlen
Öl zum Braten

Zubereitungszeit: 30 Min.

Pro Portion: 1400 kJ/330 kcal

1 Rindfleisch von Sehnen und überschüssigem Fett befreien, es soll aber durchaus noch etwas Fett daranbleiben. Das Fleisch durch den Fleischwolf drehen (nicht zu fein, sonst werden die Hamburger trocken).

2 Holzkohlengrill auf- oder Grill im Backofen vorheizen. Hackfleisch mit etwas Salz und Pfeffer würzen. Dann zu runden, etwa 2 cm dicken Fladen formen, die Fladen am Rand geradeformen. Nicht zu stark kneten, sonst geraten die Hamburger zu trocken.

3 Hamburger auf dem Holzkohlengrill, unter dem stark erhitzten Grill auf dem Grillrost im Ofen oder in Öl in einer Pfanne braten. Pro Seite reichen

3–4 Min. – dann sind die Hamburger innen noch leicht rosa und sehr saftig.

Variante: Für Cheeseburger eine kleine Käsescheibe (Cheddar) auf jeden Hamburger legen, unter dem Grill oder in der zugedeckten Pfanne kurz schmelzen lassen.

Info: Hamburger werden in speziellen Hamburger-Brötchen serviert, die es in jedem Supermarkt zu kaufen gibt. Außerdem gehören neben den Fleischfladen nach Belieben Zwiebelringe, Gurken- und Tomatenscheiben, Salat, Senf und Ketchup in die Brötchen. Dazu können Sie noch Chips reichen.

Hot Dogs

Hot Dogs

Ganz Amerika · Gelingt leicht

Zutaten für 4 Portionen:
4 Frankfurter Würstchen
2 Tomaten
1 Zwiebel
2 EL Öl
4 Hot-dog-Brötchen
4 TL Senf
2 EL Ketchup
2 EL Mayonnaise

Zubereitungszeit: 20 Min.

Pro Portion: 2100 kJ/500 kcal

1 Würstchen etwa 10 Min. in heißem (nicht kochendem) Wasser erhitzen.

2 Inzwischen die Tomaten waschen, in dünne Scheiben schneiden, dabei von den Stielansätzen befreien. Die Zwiebel schälen und ebenfalls in dünne Scheiben schneiden, die Scheiben in Ringe teilen.

3 Würstchen gut abtropfen lassen, der Länge nach ganz leicht einschneiden. Das Öl in einer Pfanne nicht zu stark erhitzen, die Würstchen darin bei mittlerer Hitze von jeder Seite etwa 2 Min. braten.

4 Brötchen quer auf-, aber nicht durchschneiden, auf dem Toaster leicht rösten, dann mit Würstchen, Tomaten- und Zwiebelscheiben belegen. Senf, Ketchup und Mayonnaise dazugeben, wieder zusammenklappen.

Info: Hot dogs wurden – wie auch die Hamburger – während der Weltausstellung 1904 erstmals serviert.

Tip! Sie können die Würstchen auch auf dem Grill zubereiten und in die Brötchen noch Sauerkraut, Käse oder Chilischoten geben. Sie können aber auch die Würstchen in den Brötchen nur mit Senf und Mayonnaise servieren – wie auf dem Foto.

Chili con Carne

Fleischragout

Zutaten für 4 Portionen:
1 kg Rindfleisch (z. B. aus der Hochrippe oder aus der Schulter)
1 große Zwiebel
5–6 frische rote scharfe Chilischoten
5 EL Öl · 4 Knoblauchzehen
$^1/_4$ l Rinderbrühe (Fertigprodukt)
1 TL brauner Zucker
1 Lorbeerblatt
2 TL getrockneter Thymian
Salz
$^1/_2$ TL Kreuzkümmel, gemahlen
1 Prise Cayennepfeffer
1 EL Worcestersauce
2–3 EL feines Maismehl

Zubereitungszeit: 35 Min.
(+ 1$^1/_2$ Std. Garen)

Pro Portion: 2900 kJ/670 kcal

1 Das Rindfleisch waschen, abtrocknen und in etwa 2 cm große Würfel schneiden. Dabei von großen Fettstücken und Sehnen befreien.

2 Die Zwiebel schälen und klein würfeln. Die Chilischoten aufschlitzen, entkernen, waschen und in feine Ringe schneiden. Vorsicht, Hände danach nicht in die Nähe der Augen bringen!

3 Öl in einem breiten, schweren Topf erhitzen. Nach und nach bei mittlerer Hitze das Rindfleisch und die Zwiebelwürfel anbraten, aber nicht zu dunkel werden lassen. Knoblauch schälen und dazupressen, die Chiliringe einrühren.

4 Die Brühe angießen und alles mit Zucker, Lorbeer, Thymian, Salz, Kreuzkümmel, Cayennepfeffer und Worcestersauce würzen. Das Ragout zugedeckt bei ganz schwacher Hitze etwa 1$^1/_2$ Std. schmoren lassen, zwischendurch mehrfach umrühren. Eventuell noch etwas Wasser nachgießen, falls zuviel verkocht.

5 Vor dem Servieren Maismehl unter das Chili rühren und dieses dadurch leicht binden. Noch kurz durchkochen und pikant abschmecken. Dazu paßt Maisbrot (siehe Schritt 1 bei Roast Turkey S. 98)

Info: Chili con Carne stammt nicht, wie oft vermutet, aus Mexiko, sondern aus Texas. Angeblich wurde es von den Frauen in der Texas-Republik San Antonio für die Bürgermiliz zubereitet. Das Original entsteht mal aus durchgedrehtem, mal aus kleingeschnittenem Fleisch, wird aber ohne Kidneybohnen und Tomaten gekocht.

Chilischoten und Tabasco

Aus der Tex-Mex-Küche sind diese »Scharfmacher« ebenso wenig wegzudenken wie aus der Küche der Kreolen und der Cajuns in Louisiana. Überall im Süden der Staaten werden Chilischoten angebaut. Die unterschiedlichen Sorten unterscheiden sich sehr in ihrer Schärfe, und leider läßt sich die nicht äußerlich erahnen. So ist beim Dosieren also unbedingt Vorsicht geboten.

Tropfenweise wird deshalb auch Tabasco verwendet, die aus Chilischoten hergestellte

Chilischoten werden frisch oder getrocknet verwendet.

Feuersauce, die es längst zu Weltruhm gebracht hat. Schon seit 1868 wird sie hergestellt, heute im Familienbetrieb auf der kleinen Insel Avery Island in den Sümpfen Louisianas. Die Schoten werden gemahlen, mit Salz vermischt und reifen drei Jahre lang, dann vermischt man sie mit Salz und Essig, und vier Wochen später werden sie abgefüllt.

Grilled T-Bone Steaks

Aus Texas · Im Freien

Gegrillte Steaks

Zutaten für 4 Portionen:
4 T-Bone-Steaks (je 500–600 g,
etwa 4 cm dick)
3 Knoblauchzehen
3–4 EL Öl
schwarzer Pfeffer, frisch gemahlen
Salz

Zubereitungszeit: 30 Min.
(+ 1 Std. Marinieren)

Pro Portion: 3400 kJ/810 kcal

1 Steaks kalt abwaschen, wieder abtrocknen. Den Fettrand mehrfach einschneiden, damit sich das Fleisch beim Braten nicht zusammenzieht.

2 Den Holzkohlengrill aufheizen. Knoblauch schälen und zerdrücken, mit Öl und Pfeffer verrühren, die Steaks damit bestreichen. Zugedeckt mindestens 1 Std. marinieren.

3 Die Steaks auf den Grillrost des Holzkohlengrills legen. Auf jeder Seite etwa 1 Min. kräftig bräunen. Dann den Grillrost höher setzen und weiter grillen. Je nach Dicke der Steaks und gewünschtem Grad des Durchbratens dauert das insgesamt 10–28 Min. (siehe Tip!).

4 Vor dem Servieren die Steaks salzen und noch einige Min. ruhen lassen.

Info: T-Bone-Steaks und die noch etwas größeren Porterhouse-Steaks werden aus dem Rücken geschnitten. Beide haben den T-förmigen Knochen.

Tip! Wenn Sie die Steaks im Backofen grillen wollen, sollten Sie sie in der Grillpfanne auf dem Herd bei starker Hitze von jeder Seite ½–1 Min. scharf anbraten. Dann auf einem Grillrost unter der Heizschlange des Ofens von jeder Seite etwa 5 Min. (für blutig/rare) oder etwa 8 Min. (für rosa/medium rare) oder 12–14 Min. (für durchgebraten/well done) grillen. Dazu passen Baked Potatoes und Corn Relish (S. 76).

Barbecued Spareribs

Aus dem Südwesten · Gelingt leicht

Gegrillte Rippchen

Zutaten für 4 Portionen:
1 mittelgroße Zwiebel
150 g Tomatenketchup
5 EL brauner Zucker
5 EL Weinessig
5 EL Worcestersauce
½ TL Senfpulver
einige Tropfen Tabasco
Salz
schwarzer Pfeffer, frisch gemahlen
1,5 kg Spareribs (Schweine-
rippchen), in Stücke zerteilt

Zubereitungszeit: 30 Min.
(+ 1 Std. Grillen)

Pro Portion: 2600 kJ/620 kcal

1 Den Holzkohlengrill aufheizen. Die Zwiebel schälen und fein würfeln, mit Ketchup, 5 EL Wasser, Zucker, Essig, Worcestersauce, Senfpulver und Tabasco in einen Topf geben. Die Sauce mit Salz und Pfeffer würzen und unter ständigem Rühren erhitzen. Dann bei schwacher Hitze etwa 5 Min. köcheln lassen, bis die Zwiebeln weich sind.

2 Die Spareribs kalt abwaschen und wieder abtrocknen. Mit einem Pinsel dünn mit einem Teil der vorbereiteten Sauce bestreichen.

3 Die Rippchen mit recht großem Abstand zur Kohle und dadurch schwacher Hitze auf den Grill legen.

45–60 Min. (je nach Dicke) grillen, zwischendurch ab und zu wenden und immer wieder mit Sauce bestreichen.

Variante: Sie können die Rippchen auch im Backofen zubereiten. Dazu den Ofen auf 200° vorheizen. Rippchen nebeneinander mit der Fleischseite nach oben auf ein Backblech legen. Offen in den Ofen (Mitte, Gas Stufe 3, Umluft 180°) schieben, 45–60 Min. (je nach Dicke) braten. Zwischendurch ab und zu wenden, mehrfach mit der vorbereiteten Sauce bestreichen. Eventuell etwas Wasser auf das Blech gießen, falls der Bratenfond zu dunkel wird.

New England Boiled Dinner

Gepökelte Rinderbrust

Zutaten für 6 Portionen:
2 kg gepökelte Rinderbrust
(3–4 Tage vorher beim Metzger
bestellen!)
8 kleine Rote-Bete-Knollen
(etwa 1 kg)
750 g Kartoffeln, festkochend
250 g junge Möhren
250 g weiße Rübchen
250 g kleine Zwiebeln
600 g Weißkohl
Salz
1 Bund Petersilie
etwas Meerrettich und Senf

Zubereitungszeit: 50 Min.
(+ 5 Std. Garen)

Pro Portion: 2500 kJ/600 kcal

1 Das Fleisch waschen und in einen Topf legen. So viel kaltes Wasser angießen, daß es gut fingerbreit über dem Fleisch steht.

2 Wasser aufkochen, mit einem Löffel den Schaum abschöpfen. Das Fleisch bei ganz schwacher Hitze 4–5 Std. halb zugedeckt gerade eben simmern lassen. Eventuell heißes Wasser nachgießen.

3 Nach 3–4 Std., wenn das Fleisch beinahe gar ist, das Gemüse zubereiten. (Es soll möglichst gleichzeitig mit dem Fleisch fertig sein.)

4 Rote Bete waschen, ungeschält in einen Topf mit kochendem Wasser geben. Die Knollen 40–50 Min. bei mittlerer Hitze zugedeckt garen, bis sie gerade eben weich sind.

5 Kartoffeln, Möhren und Rübchen schälen, sehr grob würfeln. Die Zwiebeln schälen. Den Weißkohl putzen und in grobe Streifen schneiden.

6 Reichlich Salzwasser in einem Topf aufkochen. Kartoffeln und Zwiebeln hineingeben und etwa 10 Min. bei mittlerer Hitze kochen lassen. Dann Möhren, Rübchen und Weißkohl dazugeben, nochmals etwa 10 Min. garen. Abgießen und abtropfen lassen.

7 Rote Bete abgießen, abschrecken, schälen, ebenfalls grob würfeln, kleine Knollen nur vierteln. Die Petersilie waschen, trockenschütteln und grob hacken.

8 Das Fleisch aus dem Topf nehmen und in Scheiben schneiden. In der Mitte auf einer großen Platte anrichten, das Gemüse darum herum legen. Alles mit Petersilie bestreuen, Meerrettich und Senf dazu reichen.

Info: Dies ist eines der ältesten, traditionellsten amerikanischen Rezepte. Es stammt aus Zeiten, als die ersten Siedler nur einen einzigen großen Eisentopf hatten und darin alle Zutaten gemeinsam garen mußten. Reste wurden und werden stets am nächsten Morgen verspeist, das nennt sich dann Red Flannel Hash (S. 35).

Tip! Kochen Sie die Rote Bete ruhig rechtzeitig. Die Garzeiten für dieses Gemüse sind sehr unterschiedlich lang, gekochte, ungeschälte Rote Bete bleibt im zugedeckten Topf jedoch lange heiß.

Schnitz un Knepp

Schinken mit Äpfeln und Klößchen

Zutaten für 4 Portionen:
125 g getrocknete Apfelringe
4 dicke Scheiben gekochter
Schinken (je etwa 150 g)
2 EL brauner Zucker
200 g Mehl
2 TL Backpulver
¹/₄ TL Salz
1 Ei
2 EL zerlassene Butter
6–8 EL Milch

Zubereitungszeit: 1 Std.
(+ 12 Std. Einweichen)

Pro Portion: 1900 kJ/450 kcal

1 Die Äpfel in eine Schüssel geben, mit ¹/₂ l kaltem Wasser begießen und über Nacht einweichen.

2 Die Schinkenscheiben in einen sehr breiten Topf geben, knapp mit kaltem Wasser bedecken. Das Wasser aufkochen und den Schinken zugedeckt bei ganz schwacher Hitze etwa 30 Min. ziehen lassen.

3 Die Äpfel mit dem Einweichwasser zum Schinken geben, Zucker darüberstreuen, alles bei etwas stärkerer Hitze als zuvor noch etwa 15 Min. zugedeckt köcheln lassen. Die Äpfel sollen weich werden, aber nicht zerfallen.

4 Inzwischen für die Klößchen das Mehl mit Backpulver und Salz mischen. Das Ei mit der Butter verquirlen, zum Mehl geben und unterrühren. So viel Milch dazugeben, bis der Teig gerade eben vom Löffel tropft.

5 Den Teig eßlöffelweise auf die Äpfel geben. Alles zugedeckt noch etwa 12 Min. garen. Schinken, Apfelringe, Klößchen und etwas Brühe in tiefen Tellern servieren.

Info: Frische Äpfel wurden früher von den Siedlern in Scheiben geschnitten und getrocknet, um auch im Winter einen Vorrat an Obst zu haben. Die Deutschen in Pennsylvania verwendeten die Apfelringe auch für dieses Gericht. Mit Schnitz sind die Apfelscheiben gemeint, Knepp bedeutet Klößchen.

Tip! Stechen Sie für die Garprobe mit einem Holzspießchen in eines der Klößchen. Der Spieß muß sauber wieder herauskommen.

Macaroni Cheese with Ham

Nudel-Käse-Auflauf

Zutaten für 4 Portionen:
Salz
300 g kurze Makkaroni
300 g gekochter Schinken, in dicken
Scheiben
1 kleine Zwiebel
5 EL Butter
3 EL Mehl
500 ml Milch
schwarzer Pfeffer, frisch gemahlen
175 g Cheddar-Käse, grob gerieben
3 EL Semmelbrösel

Zubereitungszeit: 50 Min.

Pro Portion: 3600 kJ/860 kcal

1 In einem Topf reichlich Salzwasser aufkochen. Nudeln darin nach Packungsangabe knapp bißfest garen. Schinken in kleine Würfel schneiden. Backofen auf 200° vorheizen.

2 Zwiebel schälen, fein würfeln, in 3 EL Butter in einem Topf bei mittlerer Hitze glasig werden lassen. Mehl dazugeben, goldgelb anschwitzen, dann die Milch unter ständigem Rühren dazugießen. Die Sauce pfeffern, salzen und bei schwacher Hitze etwa 5 Min. köcheln lassen.

3 Nudeln abgießen, abtropfen lassen. Den Käse (bis auf 3 EL) unter die Béchamelsauce rühren, schmelzen lassen, Schinken dazugeben, die Nudeln unter die Sauce mengen.

4 Die Nudeln in eine breite Auflaufform umfüllen. Semmelbrösel mit dem restlichen Käse mischen und über die Nudeln streuen, die restliche Butter in Flöckchen darauf setzen. Den Auflauf im Ofen (Mitte, Gas Stufe 3, Umluft 180°) etwa 20 Min. backen.

Info: Nudeln sind seit langem in Amerika beliebt. Deutsche und italienische Einwanderer brachten viele Rezepte mit, und der Feinschmecker und dritte Präsident Amerikas, Thomas Jefferson, schwärmte nach einem Italienbesuch von den vielen leckeren Nudelgerichten. Beliebt sind heute die verschiedensten Kreationen, beispielsweise in Kalifornien Spaghetti, die mit dicklich zubereitetem »Cioppino« (S. 62) angerichtet werden.

Beef Tacos

Aus Texas · Pikant

Maisfladen mit Rindfleischfüllung

Zutaten für 4 Portionen:
1 mittelgroße Zwiebel
¹/₂ grüne Paprikaschote
2 EL Öl
1 Knoblauchzehe
400 g Rinderhackfleisch
200 g Tomatenpüree
(aus der Packung)
¹/₂ TL getrockneter Thymian
Salz
schwarzer Pfeffer, frisch gemahlen
¹/₄ TL Kreuzkümmel
¹/₄ TL Paprikapulver
einige Tropfen Tabasco
¹/₂ kleiner Eisbergsalat
4 kleine feste Tomaten
12 Taco-Shells (Fertigprodukt)
60 g grob geriebener Cheddar-Käse
200 g dicke saure Sahne oder
Crème fraîche · 1 Glas mittelscharfe
Chilisauce (Fertigprodukt)
Für den Avocado-Dip (Guacamole):
3 reife Avocados
Saft von 2 Limetten
2 Tomaten · 1 kleine Zwiebel
2–3 kleine mittelscharfe
Chilischoten
Salz · ¹/₂ Bund frischer Koriander
nach Belieben: 1 Zitronenspalte und
Koriandergrün zum Garnieren.

Zubereitungszeit: 1 Std.

Pro Portion: 3700 kJ/880 kcal

1 Die Zwiebel schälen, die Paprikaschote waschen, beides klein würfeln. Das Öl in einem Topf erhitzen, die Zwiebel- und Paprikawürfel darin unter Rühren bei schwacher Hitze leicht anbraten. Den Knoblauch schälen und dazupressen.

2 Das Hackfleisch einrühren und anbraten, dann das Tomatenpüree unterrühren. Alles mit Thymian, Salz, Pfeffer, Kreuzkümmel, Paprikapulver und Tabasco würzen, offen bei schwacher Hitze etwa 20 Min. köcheln lassen. Dabei soll die Feuchtigkeit größtenteils verdampfen.

3 Inzwischen den Backofen auf 175° vorheizen. Den Eisbergsalat putzen, waschen und in feine Streifen schneiden. Die Tomaten waschen, halbieren, entkernen, vom Stielansatz befreien und klein würfeln.

4 Für den Avocado-Dip die Avocados halbieren, vom Stein befreien und das Fruchtfleisch aus den Schalen lösen. Das Fleisch mit dem Limettensaft im Mixer oder mit dem Pürierstab pürieren. Die Tomaten waschen, überbrühen und häuten, entkernen und klein würfeln. Die Zwiebel schälen und ebenfalls klein würfeln.

5 Chilischoten längs aufschlitzen, waschen und feinhacken. Vorsicht, Hände danach nicht in die Nähe der Augen bringen! Tomaten-, Zwiebel- und Chilistückchen mit dem Avocadopüree verrühren, salzen. Koriander waschen, trockenschütteln, feinhacken und unter das Püree rühren.

6 Die Taco-Shells 2–3 Min. im Backofen erwärmen. Das Hackfleisch pikant abschmecken, zusammen mit Salat, Tomaten und Käse in die Taco-Shells füllen. Sofort servieren. Ein Schälchen mit Guacamole, mit saurer Sahne oder Crème fraîche und mit Chilisauce dazustellen. Guacamole nach Belieben mit Zitronenspalte und Koriandergrün garnieren. Jeder gibt nach Belieben von den Saucen in sein Taco.

Variante: Taco-Shells werden aus Maismehl zubereitet, allerdings ist dies im Haushalt nicht ganz einfach. Wenn Sie keine fertigen Taco-Shells bekommen, backen Sie am besten Tortillas aus Weizenmehl. Für 12 Stück etwa 250 g feines Weizenmehl mit etwa 100 ml Wasser, 1 TL Salz und 7 EL Öl zum glatten Teig verkneten, diesen zugedeckt etwa 1 Std. ruhen lassen. Tischtennisballgroße Portionen abnehmen und diese auf leicht bemehlter Fläche dünn ausrollen. Fertige Fladen leicht mit Mehl bestäuben, damit sie nicht austrocknen. Die Fladen in einer stark erhitzten Pfanne (möglichst aus Gußeisen) von jeder Seite etwa ¹/₂ Min. backen, dabei sich bildende Blasen flachdrücken. Es sollen sich kleine braune Punkte bilden. Fertige Fladen stapeln, bis alle gebacken sind. Die Tortillas mit den vorbereiteten Zutaten anrichten.

DESSERTS & KUCHEN

Amerikaner haben eine Schwäche für Süßes. Immer wieder wird einfach so zwischendurch genascht, und natürlich muß möglichst jedes Menü seinen süßen Abschluß haben. Früchte und Kuchen stehen dabei im Mittelpunkt.

In allen Staaten der USA wachsen die verschiedensten Wildbeeren und Nußbäume, und schon früh kultivierten die Siedler Äpfel, Birnen, Pflaumen und Pfirsiche. Die spanischen Missionare brachten Weinreben nach Kalifornien, und die Früchte werden seit jeher nicht nur zu hervorragendem Wein gekeltert, sondern auch gern als Tafeltrauben und als getrocknete Weinbeeren gegessen. Die verschiedensten exotischen Früchte kamen mit mexikanischen, karibischen und asiatischen Einwanderern im Laufe der Zeit ins Land, und sie fanden überall im Süden gute Wachstumsbedingungen vor. All diese köstlichen Früchte werden oft einfach nur kleingeschnitten und »pur« als Obstsalat gegessen, aber auch eingemacht, getrocknet oder als Kompott ist Obst im ganzen Land begehrt. Natürlich dürfen Früchte auch auf den Kuchen oder Pies nicht fehlen.

Überhaupt ist alles Gebackene, ob Kuchen oder Plätzchen, ob kalt oder heiß serviert, ungeheuer beliebt. Amerika ist ein wahres Schlaraffenland für Liebhaber von Süßem, und die Rezeptvielfalt ist geradezu unüberschaubar.

Neben Früchten und Kuchen verführt eine weitere Süßspeise die Amerikaner zum Schlemmen: die Eiscreme. Bereits Thomas Jefferson, der dritte Präsident Amerikas, besaß eine handbetriebene Eismaschine, und heute steht in nahezu jedem Haushalt ein elektrisches Gerät. Gesüßt werden all diese Köstlichkeiten mit Ahornsirup oder anderen Sirupsorten, braunem und inzwischen natürlich auch weißem Zucker. Und meist wird dabei sehr verschwenderisch vorgegangen ...

Pecan Pie

Kuchen mit Pecannüssen

Zutaten für 12 Stücke,
für eine Tarte- oder Springform
von 25 cm Ø:
150 g Mehl
1 EL Puderzucker
1 EL eiskaltes Wasser
125 g kalte Butter · Butter für die
Form
Für die Creme:
4 Eier
5 EL Zuckerrübensirup
3 EL zerlassene Butter
¹/₂ TL echte Bourbon-Vanille
200 g Pecan-Nußkerne
außerdem:
getrocknete Hülsenfrüchte
(z. B. Linsen oder Bohnen)

Zubereitungszeit: 45 Min.
(+ 2 Std. Kühlen + 45 Min. Backen)

Pro Stück: 1400 kJ/330 kcal

1 Aus Mehl, Puderzucker, Wasser und kleingewürfelter Butter sehr rasch mit kalten Händen einen glatten Teig kneten. Den Teig zu einer Kugel formen, in Klarsichtfolie wickeln und 1–2 Std. in den Kühlschrank legen.

2 Den Backofen auf 200° vorheizen. Die Form fetten. Den Teig zwischen zwei Lagen Klarsichtfolie rasch zu einem etwa 26 cm großen Kreis ausrollen (siehe Schritt 3, S. 124). Die Folie entfernen, Teig in die Form heben, diese damit auskleiden und den Teig am Rand festdrücken.

3 Den Boden mit einer Gabel mehrfach einstechen. Ein Blatt Pergamentpapier auf den Boden legen, dieses üppig mit getrockneten Hülsenfrüchten bedecken.

4 Den Boden im Backofen (unten, Gas Stufe 3, Umluft 180°) etwa 15 Min. backen. Die Form aus dem Ofen nehmen, Hülsenfrüchte und Papier entfernen. Den Boden etwas auskühlen lassen.

5 Für die Creme in einer Schüssel die Eier verquirlen, dann Sirup, Butter und Vanille einrühren. Die Eiercreme auf den Tortenboden gießen, die Nüsse ringförmig darauf legen. Den Kuchen im Ofen (unten) 25–30 Min. backen. Kalt oder warm servieren.

Info: Blindbacken bedeutet, einen Tortenboden ohne Belag backen. Damit der Teig dabei nicht aufgeht, wird er mit Pergamentpapier belegt, auf das Hülsenfrüchte gestreut werden.

Pecannüsse

Ungeschält ähneln sie großen, länglichen Haselnüssen, die ausgelösten Kerne hingegen erinnern eher an Walnußkerne. Mit Walnüssen sind die Pecannüsse auch verwandt. Sie schmecken aber milder und süßlicher als die größeren Verwandten. Die aromatischen Pecans sind die wichtigsten einheimischen Nüsse Amerikas, und bereits für die Indianer entlang des Mississippi waren sie ein bedeutendes Nahrungsmittel.

Pecans wachsen an den bis zu 50 m hohen Hickory-Bäumen, die heute in allen südlichen Staaten der USA auf großen Plantagen

Pecannüsse schmecken aromatischer als ihre Verwandten, die Walnüsse.

anzutreffen sind. Wichtige Produzenten sind Arizona und Louisiana. In Europa gibt es fast ausschließlich die ausgelösten Nußhälften zu kaufen, in Amerika sind auch Pecanstücke und sogar

Pecanpulver im Handel. Die Nüsse werden gern zwischendurch geknabbert, aber ebenso gern zu allerlei süßen und pikanten Gerichten verarbeitet.

Key Lime Pie

Limettenkuchen mit Baiser

**Zutaten für 10–12 Stücke,
für eine Tarte-Form von 25 cm Ø:**
150 g Mehl
1 EL Puderzucker
1 EL eiskaltes Wasser
125 g kalte Butter
Butter oder Margarine für die Form
Für die Creme:
6 Eigelb
400 g gesüßte Dosenmilch (1 Dose)
4–5 Limetten
Für das Baiser:
6 Eiweiß
175 g Zucker
**¼ TL Weinstein oder Weinstein-
Backpulver (aus dem Reformhaus)
außerdem: getrocknete Hülsenfrüchte (z. B. Linsen oder Bohnen)**

**Zubereitungszeit: 45 Min
(+ 2 Std. Kühlen + 50 Min. Backen)**

**Bei 12 Stücken pro Stück:
1100 kJ/260 kcal**

1 Das Mehl mit Puderzucker, Wasser und kleingewürfelter Butter rasch zu einem glatten Teig verkneten. Den Teig zu einer Kugel formen, in Klarsichtfolie wickeln und 1–2 Std. in den Kühlschrank legen.

2 Den Backofen auf 200° vorheizen. Die Form gründlich einfetten.

3 Den Teig rasch zwischen zwei Lagen Klarsichtfolie zu einem 27–28 cm großen Kreis ausrollen. Die Folie entfernen, den Teig in die Form heben und diese damit auskleiden.

4 Den Boden mit einer Gabel mehrfach einstechen. Ein Blatt Pergamentpapier auf den Boden legen, dieses üppig mit getrockneten Hülsenfrüchten bedecken.

5 Den Boden im Ofen (unten, Gas Stufe 3, Umluft 180°) etwa 15 Min. backen. Die Form aus dem Ofen nehmen, Hülsenfrüchte und Papier entfernen, den Boden weitere 10 Min. backen. Dann etwas auskühlen lassen.

6 Für die Creme Eigelb in eine Schüssel geben. Mit der Dosenmilch dicklich aufschlagen.

7 Die Limetten heiß abwaschen, wieder abtrocknen. Von zwei Früchten die Schale fein abreiben und zur Creme geben. Die Limetten auspressen, etwa ⅛ l Saft abmessen und auch diesen zur Creme geben. Die Creme noch kurz durchrühren, dann auf den Tortenboden gießen und darauf glattstreichen.

8 Den Kuchen im Ofen (unten) 20–25 Min. backen. Inzwischen das Eiweiß zu steifem Schnee schlagen, zuletzt nach und nach Zucker und Weinstein oder das Backpulver einrieseln lassen.

9 Die Baisermasse auf den Kuchen geben und mit einen Eßlöffel wolkenförmig verstreichen. Den Grill des Backofens einschalten, den Kuchen im Ofen (unten) in knapp 5 Min. goldbraun werden lassen. Dabei ständig beobachten, damit das Baiser nicht verbrennt. Den Kuchen auskühlen lassen und möglichst am gleichen Tag verzehren.

Wichtiger Hinweis: Bitte verwenden Sie nur ganz frische Eier von freilaufenden Hühnern, um das Salmonellenrisiko zu verringern.

Bread Pudding

Brotpudding mit Whiskeysauce

Zutaten für 6–8 Portionen,
für eine etwa 1 l fassende ovale
Auflaufform:
Butter für die Form
200 g altbackenes Stangenweißbrot
400 ml Milch · 2 Eier
150 g Zucker · 75 g Sultaninen
1 TL echte Bourbon-Vanille
Für die Sauce:
70 g Butter · 70 g Zucker
1 Ei · 7 EL Bourbon-Whiskey

Zubereitungszeit: 20 Min.
(+ 1 Std. Backen)

Bei 8 Portionen pro Portion:
1600 kJ/380 kcal

1 Den Backofen auf 200° vorheizen. Die Auflaufform mit Butter ausstreichen. Das Brot in kleine Stücke zerrupfen und in eine Schüssel geben, mit Milch beträufeln und etwa 15 Min. quellen lassen.

2 In einer Schüssel Eier mit Zucker dick-cremig schlagen. Sultaninen und Vanille unterrühren.

3 Die Eiercreme zum Brot geben und alles gründlich verrühren. Die Masse in die vorbereitete Form umfüllen und darin glattstreichen.

4 Die Form in einen Bräter stellen. Soviel kochendes Wasser angießen, bis die Form zur Hälfte darin steht. Den Pudding im Ofen (unten, Gas Stufe 3, Umluft 180°) etwa 1 Std. backen.

5 Inzwischen für die Sauce die Butter würfeln und in einer Schüssel über einem warmen Wasserbad schmelzen lassen. Den Zucker und das Ei dazugeben, alles unter ständigem Rühren dicklich werden lassen. Nach und nach den Whiskey dazugeben. Die Schüssel vom Wasserbad nehmen und die Sauce lauwarm abkühlen lassen.

6 Den Brotpudding frisch gebacken servieren, die Whiskeysauce dazu reichen.

Applesauce Cake

Aus dem Osten · Sehr süß

Glasierter Apfelkuchen

Zutaten für 9 Stücke,
für eine Backform von 20 x 30 cm:
Fett für die Form
100 g Rosinen
100 g Walnußkerne
125 g weiche Butter
130 g brauner Zucker
1 Ei · 300 g Apfelmus
250 g Mehl · 3 TL Backpulver
¼ TL Muskatnuß, frisch gerieben
¼ TL Nelkenpulver
½ TL Zimtpulver
½ TL echte Bourbon-Vanille
Für die Glasur:
300 g brauner Zucker · 75 g Butter
100 g Crème double
¼ TL echte Bourbon-Vanille

Zubereitungszeit: 50 Min.
(+ 45 Min. Backen)
Pro Stück: 2700 kJ/640 kcal

1 Den Backofen auf 175° vorheizen. Die Backform gründlich fetten. Die Rosinen mit heißem Wasser übergießen und kurz quellen lassen, die Walnußkerne hacken.

2 Die Butter mit dem Zucker in einer Schüssel gut cremig schlagen. Das Ei und dann das Apfelmus und die gehackten Nüsse unterrühren.

3 Mehl mit Backpulver und Gewürzen mischen und unter den Teig rühren. Zuletzt die Rosinen abtropfen lassen und ebenfalls unter den Teig rühren.

4 Den Teig in der vorbereiteten Backform glattstreichen und den Kuchen im Backofen (Mitte, Gas Stufe 2, Umluft 160°) etwa 45 Min. backen. Auf einem Kuchengitter in der Form auskühlen lassen.

5 Für die Glasur Zucker, Butter und Crème double bei mittlerer Hitze 3–5 Min. in einem Topf schmelzen. Unter Rühren zu Karamel einkochen, bis ein in kaltes Wasser gegebener Tropfen des Sirups sofort zu einem weichen Ball wird. Vorsicht, der Karamel verbrennt schnell!

6 Die Masse in eine Rührschüssel füllen, die Vanille dazugeben und alles kräftig verrühren. Die warme Masse auf dem Kuchen verstreichen. Wenn sie dabei schon frühzeitig zu fest wird, den Löffel zum Verstreichen in heißes Wasser tauchen.

Tip! Wenn Sie den Kuchen weniger süß servieren möchten, lassen Sie den Zuckerguß einfach weg und bestreuen den Kuchen lediglich dünn mit Puderzucker.

Strawberry Shortcake

Aus Neuengland · Süß

Erdbeerkuchen

Zutaten für 12 Stücke,
für eine Springform von 22 cm Ø:
Fett für die Form
350 g Mehl
125 g Zucker
1 EL Backpulver · Salz
1 Prise Muskatnuß, frisch gerieben
175 g kalte Butter
125 g Sahne · Mehl zum Ausrollen
2 EL zerlassene Butter
Für die Füllung:
1 kg Erdbeeren
50–100 g Zucker (nach Geschmack)
2 EL Zitronensaft · 200 g Sahne

Zubereitungszeit: 45 Min.
(+ 30 Min. Backen)

Pro Stück: 1600 kJ/380 kcal

1 Backofen auf 200° vorheizen. Die Form sorgfältig fetten. In einer Schüssel Mehl mit Zucker, Backpulver, Salz und Muskat mischen. Butter in Stückchen schneiden, zur Mehlmischung geben, mit den Fingerkuppen zu einem streuselähnlichen Teig vermengen.

2 Unter ständigem Rühren Sahne dazugießen, bis ein glatter Teig entstanden ist. Den Teig noch kurz durchkneten, dann in zwei Portionen teilen und auf der bemehlten Arbeitsfläche zu Kreisen von etwa 22 cm Durchmesser ausrollen. Die Böden übereinander in die Form legen.

3 Den Kuchen im Ofen (Mitte, Gas Stufe 3, Umluft 180°) in etwa 30 Min. goldbraun backen. Zur Garprobe einen Holzspieß in den Kuchen stechen. Er muß sauber wieder herauskommen.

4 Den fertigen Kuchen vom Rand der Form lösen, dann den Springformrand lösen. Den Kuchen etwas abkühlen lassen, quer halbieren, solange er noch warm ist, und die Schnittflächen mit zerlassener Butter beträufeln.

5 Die Erdbeeren waschen und putzen. Einige Früchte beiseite legen, die restlichen kleinschneiden, mit Zucker und Zitronensaft mischen. Den unteren Tortenboden mit Erdbeeren belegen, den zweiten darauf legen und leicht andrücken. Mit den übrigen kleingeschnittenen Erbeeren belegen. Sahne steifschlagen, auf die Torte geben, die Torte noch mit den beiseite gelegten Erdbeeren garnieren.

Tip! Nach Belieben noch 100 g steifgeschlagene Sahne auf den unteren Tortenboden geben und dann erst mit Früchten belegen.

Angel Food Cake

Ganz Amerika · Süß

Luftiger Biskuitkuchen

Zutaten für 12 Stücke,
für eine Spezialform für Angel-Cake,
ersatzweise für eine beschichtete
Kranzform von 20 cm Ø:
160 g Eiweiß (von 5–6 Eiern)
¹/₄ TL Weinstein-Backpulver (aus
dem Reformhaus) · ¹/₄ TL Salz
150 g feiner Zucker · 90 g Mehl
1 TL echte Bourbon-Vanille
Puderzucker zum Bestäuben

Zubereitungszeit: 30 Min.
(+ 30 Min. Backen)
Pro Stück: 480 kJ/110 kcal

1 Den Backofen auf 175° vorheizen. Die Eiweiße in einer großen Schüssel schaumig schlagen. Backpulver und Salz dazugeben und die Masse weiter schlagen. Wenn sie fest wird, etwa 50 g Zucker nach und nach einrieseln lassen. 1 EL kaltes Wasser unterheben.

2 Die übrigen 100 g Zucker mit Mehl und Vanille mischen, nach und nach über den Eischnee streuen und nur ganz locker unterheben. Den Teig sofort in die Form geben und im Backofen (Mitte, Gas Stufe 2, Umluft 160°) etwa 30 Min. backen.

3 Die Form umgedreht auf ein Kuchengitter setzen und den Kuchen noch in der Form auskühlen lassen. Den Kuchen erst dann vorsichtig aus der Form lösen, zum Servieren mit Puderzucker bestäuben.

Tip! Die Eigelbe verquirlen und in einer kleinen Kunststoffdose einfrieren.

Old-fashioned Ice Cream

Aus Philadelphia · Gelingt leicht

Eis nach alter Art

Zutaten für 6 Portionen:
1 Vanilleschote
300 g Sahne
80 g Zucker
1 Prise Salz
200 g Crème double

Zubereitungszeit: 30 Min.
(+ 1 Std. Kühlen + 4 Std. Gefrieren)

Pro Portion: 1500 kJ/360 kcal

1 Die Vanilleschote längs aufschlitzen, das schwarze Mark mit einem kleinen Messer herauskratzen. Mark und Schote zusammen mit Sahne, Zucker und Salz in einem Topf bei schwacher Hitze unter Rühren erwärmen, bis der Zucker geschmolzen ist. Nicht aufkochen lassen.

2 Den Topf vom Herd nehmen und die Mischung wieder abkühlen lassen, dann die Crème double unterrühren. Die Vanilleschote entfernen.

3 Die Sahnemasse in eine gefrierbeständige Schüssel geben und zugedeckt in das Tiefkühlgerät stellen. Das Eis in mindestens 4 Std. gefrieren lassen.

Variante: Für 6 Portionen Schokoladeneis 500 g Crème double in einem Topf bei schwacher Hitze erwärmen. Etwa 125 g gehackte Zartbitterschokolade unter Rühren darin schmelzen lassen. Mit 1 EL gemahlener Vanille verfeinern und zugedeckt im Tiefkühlgerät gefrieren lassen.

Info: Philadelphia wird auch »Eis-Hauptstadt« der Welt genannt. Überhaupt ist Eiscreme in ganz Amerika sehr beliebt, entsprechend viele verschiedene Sorten stehen dem Genießer zur Verfügung. Etliche Haushalte besitzen eine Eismaschine, mit der die Zubereitung der kühlen Erfrischung besonders leicht ist.

Bananas Foster

Aus Louisiana · Geht schnell

Flambierte Bananen mit Eis

Zutaten für 4 Portionen:
4 Portionen Vanille-Eiscreme
(etwa 200 g)
50 g Butter
3 EL brauner Zucker
1/4 TL Zimtpulver
4 kleine Bananen
4 EL Bananenlikör
4 EL Rum oder Whiskey

Zubereitungszeit: 20 Min.

Pro Portion: 1100 kJ/260 kcal

1 Eiscreme auf vier Tellern verteilen. Butter mit Zucker und Zimt in einer breiten Pfanne unter Rühren erhitzen, bis Butter und Zucker geschmolzen sind.

2 Die Bananen schälen, längs und eventuell auch quer halbieren und in der Pfanne etwa 3 Min. erwärmen, dabei mit dem Sirup beträufeln.

3 Bananenlikör und Rum oder Whiskey dazugeben und sofort mit einem langen Streichholz anzünden. Die Flammen erlöschen lassen, die Bananen zusammen mit der Eiscreme anrichten.

Info: Auf Hawaii heißt dieses Dessert »Pele's Bananas«. Pele ist die Vulkangöttin der Inseln. Für besondere Gelegenheiten wird dieses Dessert noch heute mit selbstzubereitetem Vanilleeis angerichtet.

Tip! Zwar kann das Dessert erst unmittelbar vor dem Servieren zubereitet werden, wenn Sie aber schon vor dem Essen alle Zutaten bereitstellen, müssen Sie für die Zubereitung nicht lange in der Küche stehen. Das Eis sollten Sie vor dem Hauptgericht aus dem Tiefkühlgerät in den Kühlschrank stellen, damit es etwas antauen kann und sich problemlos portionieren läßt.

Pumpkin Pie

Kürbiskuchen

Aus Neuengland · Braucht etwas Zeit

Zutaten für 12 Portionen,
für eine Pie-Form von 25 cm Ø:
Für den Boden:
250 g Mehl · ¹/₂ TL Salz
¹/₂ TL Zucker
100 g Kokos-Plattenfett oder
Schweineschmalz · 1 Ei
2 EL Obstessig
3–4 EL eiskaltes Wasser
Für die Füllung:
etwa 700 g Kürbis
(oder 400 g geputztes Kürbisfleisch)
125 g Crème double · ¹/₈ l Milch
175 g brauner Zucker
¹/₄ TL Zimtpulver
1 Msp. Nelkenpulver
1 Msp. Ingwerpulver
etwas Muskatnuß, frisch gerieben
3 Eier · Fett für die Form

Zubereitungszeit: 1 Std.
(+ 1 Std. Ruhen + 1 Std. Backen)

Pro Portion: 1400 kJ/330 kcal

1 Das Mehl mit Salz, Zucker, Fett oder Schmalz, Ei, Essig und Wasser rasch verkneten. Den Teig zu einer Kugel formen, in Klarsichtfolie wickeln und mindestens 1 Std. in den Kühlschrank legen.

2 Inzwischen das Kürbisfleisch würfeln, mit etwa 100 ml Wasser in einen Topf geben. Das Kürbisfleisch zugedeckt in etwa 15 Min. weich kochen.

3 Das Kürbisfleisch in ein Sieb abgießen und sehr gut abtropfen lassen. Mit den übrigen Zutaten für die Füllung gründlich verrühren.

4 Den Backofen auf 200° vorheizen. Die Pie-Form gründlich fetten. Den Teig zwischen zwei Lagen Klarsichtfolie zu einem etwa 26 cm großen dünnen Kreis ausrollen (siehe Schritt 3, S. 124), die Pie-Form mit dem Teig auskleiden. Am Rand überstehenden Teig abschneiden und andrücken.

5 Den Tortenboden mit einer Gabel mehrfach einstechen. Die Kürbiscreme darauf gießen. Die Pie im Ofen (Mitte, Gas Stufe 3, Umluft 180°) etwa 1 Std. backen.

 # Peach Cobbler

Aus dem Süden · Gelingt leicht   Pfirsichauflauf

Zutaten für 8 Portionen, für eine
feuerfeste Form von 15 x 20 cm:
Für die Füllung:
8 große Pfirsiche
125 g brauner Zucker
3–4 Tropfen Bittermandelöl
2 EL zerlassene Butter
1 EL Mehl
Für den Teig:
150 g Mehl
1 Prise Salz · 6 EL Zucker
Muskatnuß, frisch gerieben
60 g Butter · 7–8 EL Milch
Mehl zum Ausrollen
200 g Sahne

Zubereitungszeit: 40 Min.
(+ 45 Min. Backen)

Pro Portion: 1300 kJ/310 kcal

1 Den Backofen auf 200° vorheizen. Die Pfirsiche waschen. Wasser in einem Topf aufkochen, die Pfirsiche darin 3–4 Min. bei schwacher Hitze köcheln. Die Früchte dann herausheben, häuten, halbieren und entsteinen.

2 Die Pfirsichhälften in dicke Spalten schneiden, mit braunem Zucker, Bittermandelöl, zerlassener Butter und Mehl mischen und in die Form geben.

3 Für den Teig das Mehl mit Salz, Zucker und ein wenig Muskatnuß vermischen. Butter würfeln und dazugeben, unter das Mehl kneten. Dann so viel Milch dazugeben, bis der Teig glatt, aber nicht klebrig ist.

4 Den Teig auf der leicht bemehlten Arbeitsfläche ausrollen, dann über die Pfirsiche legen, am Rand andrücken. Das Dessert im Backofen (Mitte, Gas Stufe 3, Umluft 180°) in etwa 45 Min. goldbraun backen. Sahne steif schlagen. Mit der Sahne kalt oder warm servieren.

Tip! Statt der Pfirsichspalten können Sie auch entsteinte Sauerkirschen verwenden. Die Kirschen müssen dafür vor dem Backen mit Sago oder Stärke angedickt werden.

Cheesecake

Käsekuchen

Zutaten für 12 Portionen, für eine Springform von 28 cm Ø :
175 g Butterkekse · 2 EL Zucker
¹/₂ TL Zimtpulver · 75 g Butter
weiche Butter für die Form
Für die Füllung:
700 g Doppelrahm-Frischkäse
175 g Zucker · 6 Eier
400 g saure Sahne · 3 El Speisestärke
2 TL echte Bourbon-Vanille
1 EL Zitronensaft
1 EL abgeriebene Zitronenschale

Zubereitungszeit: 45 Min.
(+ 1 Std. Backen + 12 Std. Ruhen)

Pro Portion: 2100 kJ/500 kcal

1 Die Kekse in der Küchenmaschine oder in einem Kunststoffbeutel mit einer Teigrolle fein zerbröseln. Die Brösel mit dem Zucker und dem Zimt mischen. In einem Topf die Butter schmelzen lassen, mit den Keksbröseln vermengen. Den Boden der Form mit Butter ausstreichen, die Keksbrösel hineinschütten. Die Form in den Kühlschrank stellen.

2 Für die Füllung den Frischkäse zusammen mit dem Zucker verrühren. Eier trennen, dann nacheinander die Eigelbe und die saure Sahne gründlich unter den Frischkäse rühren, bis alles gut vermischt ist.

3 Backofen auf 200° vorheizen. Speisestärke, Vanille, Zitronensaft und Zitronenschale ebenfalls gründlich unter die Käsecreme rühren. Die Eiweiße zu steifem Schnee schlagen und locker unter die Creme heben.

4 Die Creme in die Form umfüllen und darin glattstreichen. Den Kuchen im Ofen (Mitte, Gas Stufe 3, Umluft 180) etwa 1 Std. backen. Sobald er sich zu färben beginnt, mit Backpapier abdecken. Den Ofen ausschalten, den Kuchen bei halb geöffneter Ofentür noch etwa 15 Min. ruhen lassen. Am besten über Nacht ruhen lassen, bevor der Springformrand gelöst und der Kuchen angeschnitten wird.

Brownies

Schokoladenschnitten

Zutaten für 20 Stück, für eine eckige Backform von 20 cm Kantenlänge:
100 g Zartbitterschokolade
125 g weiche Butter
150 g brauner Zucker
2 Eier
100 g Mehl
¹/₂ TL Backpulver
Salz
1 TL echte Bourbon-Vanille
150 g Walnußkerne
Fett für die Backform

Zubereitungszeit: 20 Min.
(+ 30 Min. Backen)

Pro Stück: 780 kJ/190 kcal

1 Die Schokolade grob hacken, dann in eine für ein Wasserbad passende Metallschüssel geben. Einen passenden Topf etwa 5 cm hoch mit Wasser füllen, das Wasser schwach erhitzen. Die Schüssel mit der Schokolade in das heiße Wasser stellen, so daß kein Wasser in die Schüssel laufen kann.

2 Die Schokolade im Wasserbad unter häufigem Rühren schmelzen lassen, dann kurz beiseite stellen.

3 In einer Schüssel die Butter mit dem braunen Zucker mit dem Handrührer cremig rühren. Die Eier und dann die flüssige Schokolade unterrühren.

4 Den Backofen auf 200 Grad vorheizen. Das Mehl mit Backpulver, 1 Prise Salz und Vanille mischen. Die Walnußkerne hacken, mit der Mehlmischung unter den Teig rühren.

5 Die Backform fetten. Den Teig in die Form umfüllen, im Ofen (Mitte, Gas Stufe 3, Umluft 180°) etwa 30 Min. backen, bis ein in die Mitte gestecktes Hölzchen fast sauber wieder herauskommt. Auf ein Gitter stürzen und dort vollkommen auskühlen lassen. Zum Servieren in etwa 5 cm große Stücke schneiden.

Chocolate Chip Cookies

Aus Massachusetts · Gelingt leicht

Schokoladenplätzchen

Zutaten für 25 Stück:
125 g weiche Butter
70 g weißer Zucker
70 g brauner Zucker
¼ TL Salz
½ TL echte Bourbon-Vanille · 2 Eier
1 TL Backpulver · 150 g Mehl
75 g Pecannuß- oder Walnußkerne
100 g Schokoladenchips
(Schoko-Blättchen) oder gehackte
Zartbitter-Schokolade

Zubereitungszeit: 20 Min.
(+ 2mal 12 Min. Backen)

Pro Stück: 550 kJ/130 kcal

1 Den Backofen auf 200° vorheizen. Zwei Backbleche mit Backpapier auslegen.

2 Die Butter mit beiden Zuckersorten, Salz und Vanille hell-cremig schlagen.

3 Eier und dann das mit Backpulver vermischte Mehl unter den Teig rühren.

4 Nüsse hacken, zusammen mit den Schokoladenchips oder der gehackten Schokolade unter den Teig rühren.

5 Den Teig knapp eßlöffelweise mit ausreichend Abstand zueinander auf die Bleche geben. Die Plätzchen im Backofen nacheinander (Mitte, Gas Stufe 3, Umluft 180°) 10–12 Min. backen, danach auf einem Kuchengitter auskühlen lassen.

Info: Diese Plätzchen werden auch »Toll House Cookies« genannt, nach dem auf halbem Wege zwischen Boston und New Bedford gelegenen Toll House Inn. Sie werden heute in ganz Amerika als Dessert oder Snack serviert. Es gibt sogar Läden, die nur frisch gebackene Plätzchen verkaufen.

Chocolate Fudge

Aus Neuengland · Braucht etwas Zeit

Schokoladen-Karamelbonbons

Zutaten für 20 Stück, für eine
Kastenform von 20 cm Länge:
250 g Puderzucker
30 g Kakaopulver
100 g Butter
75 ml Milch
40 g Pecan- oder Walnußkerne
1/2 TL echte Bourbon-Vanille
Butter für die Form

Zubereitungszeit: 45 Min.
(+ 2 Std. zum Festwerden)

Pro Stück: 190 kJ/45 kcal

1 Puderzucker und Kakaopulver in einen Topf sieben. Butter und die Milch dazugeben und die Mischung unter ständigem Rühren aufkochen. Bei ganz schwacher Hitze unter Rühren etwa 20 Min. köcheln lassen.

2 Die Nüsse fein hacken und zusammen mit der Vanille unter die Karamelmasse rühren.

3 Die Form gründlich mit Butter ausstreichen, die Karamelmasse hineingeben, glattstreichen und in der Form auf einem Gitter vollständig auskühlen und fest werden lassen.

4 Die Karamelmasse aus der Form auf ein Brett stürzen und in etwa 2$\frac{1}{2}$ cm große Quadrate schneiden. Gut verpackt in einem luftdicht verschlossenen Behälter aufbewaren, damit sie nicht austrocknen.

Info: Von diesen Karamelbonbons gibt es in Amerika viele Varianten. Mal wird, wie in diesem Rezept, Kakaopulver verwendet, mal Schokolade. Statt des Zuckers wird auch oft mit hellem Zuckerrübensirup oder mit Ahornsirup gesüßt.

Typische Menüzusammenstellungen

Die Speisenfolge bei vollständigen Mahlzeiten ist in Amerika nicht anders als in Deutschland. Nach einer Vorspeise (starter) folgt ein Hauptgericht mit Beilagen (main dish, side dishes) und zuletzt ein süßer Nachtisch (dessert). Allerdings kommt in Amerika das Hauptmahl gewöhnlich erst am Abend als »Dinner« auf den Tisch, mittags gibt es als »Lunch« nur schnell einen Imbiß, »Snack« genannt. Das sind beispielsweise Hamburger und Hot Dogs, Salate und Pizzen, vor allem aber Sandwiches aller Art, die auf die raffinierteste Art kombiniert und gefüllt sein können. Als Getränk gibt es meistens Orangensaft, Softdrinks wie Cola, aber auch Bier. Im Süden wird oft Eistee, der erfrischende »Iced Tea«, getrunken. Immer mehr setzt sich auch Wein als Menübegleiter durch, schließlich wird in sehr vielen Staaten vorzüglicher Wein produziert. Besonders der Kalifornische hat auch in Europa einen guten Ruf und ist in vielen gut sortierten Supermärkten, zumindest aber im Weinhandel zu bekommen.

Beilagen, die Sie nicht als Rezept in diesem Buch finden, sowie Obst sind mit* gekennzeichnet.

Schnelle Menüs

Caesar Salad (Romanasalat mit Croûtons) 42
Creamed Scallops (Jakobsmuscheln in Sahnesauce) 86
Frische Früchte*

Steamed Clams (Gedämpfte Muscheln) 49
Southern Fried Chicken (Gebackenes Hähnchen) 100
French Fries (Pommes frites)*
Eiscreme*

Eisbergsalat*
Catfish with Hush Puppies (Wels mit Maismehlkrapfen) 89
Bananas Foster (Flambierte Bananen mit Eis) 130

Menüs, die sich gut vorbereiten lassen

Waldorf Salad (Apfel-Sellerie-Salat) 40
Chicken á la King (Hühnerfrikassee) 100
Reis*
Pecan Pie (Kuchen mit Pecannüssen) 122

Chilled Avocado Soup (Gekühlte Avocado-Suppe) 52
Crab Cakes (Krebsküchlein) 84
Strawberry Shortcake (Erdbeerkuchen) 129

Frühlingsmenüs

Cioppino (Fischsuppe) 62
Beef Tacos (Maisfladen mit Rindfleischfüllung) 118
Erdbeersalat*

Steamed Clams (Gedämpfte Muscheln) 49
Poached Salmon Steaks (Lachssteaks) 93
Gedünstetes Gemüse*
Eis mit Früchten*

Sommermenüs

Chilled Avocado Soup (Gekühlte Avocado-Suppe) 52
Fish with Orange (Fisch mit Orangen) 93
Key Lime Pie (Limettenkuchen) 124

Lomi Lomi (Salat mit Lachs) 47
Stuffed Quails (Gefüllte Wachteln) 102
Ananas-Salat*

Herbstmenüs

Pumpkin Soup (Kürbissuppe) 58
Yankee Pot Roast (Schmorbraten nach Yankee-Art) 107
Applesauce Cake (Glasierter Apfelkuchen) 134

Peanut Soup (Erdnuß-Suppe) 54
Schnitz un Knepp (Schinken mit Äpfeln und Klößchen) 116
Pumpkin Pie (Kürbiskuchen) 132

Wintermenüs

Waldorf Salad (Apfel-Sellerie-Salat) 40
Beef Potpie (Rindfleischpastete) 104

Bananas Foster (Flambierte Bananen mit Eis) 130

Peanut Soup (Erdnuß-Suppe) 54
Chili con Carne (Fleischragout) 110
Tortillas (Weizenfladen) (Variante) 118
Applesauce Cake (Glasierter Apfelkuchen) 127

Menüs mit Fisch und Meeresfrüchten

Shrimp Cocktail (Garnelen-Cocktail) 47
Ceasar Salad (Romanasalat mit Croutons) 42
Crab Cake (Krebsküchlein) 84
Angel Food Cake (Luftiger Biskuitkuchen) 129
Frischer Obstsalat*

Shrimp Cocktail (Garnelen-Cocktail) 47
Seafood Gumbo (Meeresfrüchteintopf, ohne Reis serviert) 63
Jambalaya (Reistopf mit Garnelen) 85
Bread Pudding (Brotpudding mit Whiskeysauce) 126

Menüs mit regionalen Spezialitäten

Aus Louisiana
Oysters Rockefeller (Gratinierte Austern) 48
Jambalaya (Reistopf mit Garnelen) 85
Bread Pudding (Brotpudding mit Whiskeysauce) 126

Soul Food aus dem Süden
Catfish with Hush Puppies (Wels mit Maismehlkrapfen) 85
Remoulade*
Wassermelone*

Aus dem Mittleren Westen
Cole Slaw (Krautsalat) 40
Grilled T-Bone Steaks (Gegrillte Steaks) 112
French Fries (Pommes frites)*
Fried Onion-Rings (Gebackene Zwiebelringe) (Variante) 78
Pfirsiche oder Melonen*

Aus dem Südwesten
Black Bean Soup (Suppe aus schwarzen
Bohnen) 57
Chili con Carne (Fleischragout) 110
Frische Früchte*

Aus Neuengland
Corn Chowder (Hühner-Mais-Suppe) 57
Yankee Pot Roast (Schmorbraten nach
Yankee-Art) 107
Strawberry Shortcake (Erdbeer-
kuchen) 129

Festmenüs

Ein typisches Weihnachtsessen wie in
Deutschland die Gans oder der Karpfen
gibt es in Amerika nicht. Gefeiert wird
eher eine bunte lustige Party mit der
Familie oder auch mit Freunden. Dafür
gibt es aber ein typisches Neujahrs-
essen, das Hoppin' John Dinner, bei
dem im Hauptgericht stets eine Münze
versteckt wird – wer sie findet, soll das
ganze Jahr über Glück haben. Ein
weiteres typisches Festessen gibt es
zum Erntedankfest. Zum Thanksgiving
Dinner kommt stets die ganze Familie
oder ein großer Freundeskreis zusammen.

Hoppin' John Dinner
Oysters Rockefeller (Gratinierte
Austern) 48
Hoppin' John (Bohnen mit Reis) 68
Glazed Sweet Potatoes (Glasierte
Süßkartoffeln) 72
Grünes Gemüse*

Thanksgiving Dinner
Pumpkin Soup (Kürbissuppe) 58
Roast Turkey (Gebratener Truthahn) 98
Glazed Sweet Potatoes (Glasierte
Süßkartoffeln) 72
Gedünstetes Gemüse*
Cranberry Sauce (Preiselbeersauce) 77
Applesauce Cake (Glasierter Apfel-
kuchen) 127

Menüs für Gäste

Baked Beans Dinner
Clam Chowder (Muschelsuppe) 53
Boston Baked Beans (Bohneneintopf
mit braunem Brot) 60
Gebratener Schweineschinken (siehe
Info) 78
Corn Relish (Mais-Relish) 76
Angel Food Cake (Luftiger Biskuit-
kuchen) 129

New England Boiled Dinner
Steamed Clams (Gedämpfte Muscheln) 49
New England Boiled Dinner (Gepökelte
Rinderbrust) 114
Corn Relish (Mais-Relish) 76
Pumpkin Pie (Kürbiskuchen) 132

Lobster Dinner
Chilled Avocdo Soup (Gekühlte Avoca-
do-Suppe) 52
Caesar Salad (Romanasalat mit
Croutons) 42
Lobster Newburg (Hummer in Sahne-
sauce) 82
Peach Cobbler (Pfirsichauflauf) 133
Old-fashioned Ice Cream (Eis nach
alter Art) 130

Ausgiebiger Brunch

Zum Brunch, dem bis in die Mittags-
stunden andauernden gemütlichen
Frühstück, gibt es typische Frühstücks-
und Lunchgerichte.

Eggs with Hashbrowns (Spiegeleier mit
Bratkartoffeln) 34
Doughnuts (Gebackene Teigkringel) 31
Toast, Butter und Marmelade*
Corn Chowder (Hühner-Mais-Suppe) 57
Oysters Rockefeller (Gratinierte
Austern) 48
Shrimp Cocktail (Garnelen-Cocktail) 47
Macaroni Cheese with Ham
(Nudel-Käse-Auflauf) 117
Strawberry Shortcake (Erbeer-
kuchen) 129
Frische Früchte*

Picknick

Picknick ist in ganz Amerika sehr
beliebt, manchmal wird es mit einem
Barbecue kombiniert. Für ein Picknick
können Sie alle Speisen aus diesem
Buch kombinieren, die auch kalt gut
schmecken und sich gut mitnehmen
lassen, beispielsweise:

Blueberry Muffins (Heidelbeertört-
chen) 31
Bagels (Brötchenringe) 32
Waldorf Salat (Apfel-Sellerie-Salat) 40
Cole Slaw (Krautsalat) 40
Chicken Salad (Hähnchensalat) 43
Codfish Balls (Fischbällchen) 90
Southern Fried Chicken (Gebackenes
Hähnchen) 100
Meatloaf with Bacon (Hackbraten mit
Speck) 106
Pumpkin Pie (Kürbiskuchen) 132
Cheesecake (Käsekuchen) 134
Chocolate Fudge (Schokoladen-
Karamelbonbons) 137
Frisches Obst*

Barbecue

Barbecues, Grillfeste unter freiem
Himmel, sind überall in Amerika
beliebt. Oft treffen viele Gäste zum
Feiern zusammen.

Barbecued Spareribs (Gegrillte
Rippchen) 112
Grilled T-Bone Steaks (Gegrillte
Steaks) 112
Corn Relish (Mais-Relish) 76
Stuffed Baked Potatoes (Gebackene
Kartoffeln) 70
Blackened Fish (Geschwärzter Fisch) 88
Gemüse*
Corn on the Cob (Maiskolben) 75
Pecan Pie (Kuchen mit Pecannüssen) 122
Frische Früchte*

Glossar

Abalone: Eine Muschelart aus dem Pazifik.

Andouille: Würzige, geräucherte Schweinswurst, die bei den Cajuns sehr beliebt ist. Die Schärfe der Wurst wird durch Bestreichen mit Zuckersirup während des Räucherns etwas gemildert. Andouilles heißen auch »Chaurice«, ähnlich den spanischen Chorizos.

Apples: Äpfel. Schon die Pilgrim Fathers brachten die ersten Apfelsamen und Ableger mit nach Amerika.

Bacon: Frühstücksspeck. Er wird in dünnen Scheiben verkauft.

Bread: Brot. Weizen gelangte schon im 17. Jahrhundert aus Europa in die Neue Welt. Aber erst gegen Ende des 19. Jahrhunderts, als im Mittelwesten Amerikas immer mehr Weizen angebaut wurde und die Mahlmethoden verbessert werden konnten, wurde Weizenmehl für amerikanische Hausfrauen eine Selbstverständlichkeit.

Beans: Bohnen. Für die ersten Siedler wurden diese Hülsenfrüchte rasch zu einem ihrer wichtigsten Nahrungsmittel. Sie konnten lange aufbewahrt und leicht transportiert werden, außerdem waren sie sehr sättigend – ideale Voraussetzungen auf dem Eroberungszug nach Westen. Am weitesten verbreitet sind in Amerika → Blackeyed Peas.

Beef: Rindfleisch. In Amerika werden die Rinder anders zerlegt als bei uns.

Black-eyed Peas: Schwarzaugenbohnen. Das sind tropische weiße Bohnenkerne mit kleinen schwarzen »Augen« in der Mitte. Auch als »Cowpeas« bekannt.

Blueberry: Blaubeeren, Heidelbeeren. Sie wachsen fast überall in den Staaten.

Brunch: Kombination aus Frühstück und Mittagessen (Breakfast und Lunch).

Cajun: Küche der Nachfahren der Acadier, der Franzosen, die sich zunächst in Akadien, heute Kanada, niederließen. Sie ist sehr würzig und vielfältig.

Catfish: Zwergwels. In den Südstaaten wird »Channel Catfish« gezüchtet (oft in den überschwemmten Reisfeldern) und gegessen. Catfish kann aber auch Seewolf sein.

Champagne: Sekt. Die Bezeichnung Champagne wird nicht, wie bei uns vorgeschrieben, ausschließlich für den französischen Champagner verwendet.

Chayote: Wird Chy-o-tay gesprochen und ist auch als Cho-Cho, Chow-Chow oder Christophine bekannt. Es handelt sich um eine weichschalige, hellgrüne Kürbis-Art.

Cheese: Käse. Zu den besten in Amerika produzierten Käsesorten gehören Abwandlungen klassischer europäischer Sorten wie Cheddar oder Camembert. Liederkranz und Brick, zwei kräftig schmeckende Käse, gehören zu den wenigen Käsesorten mit rein amerikanischem Ursprung.

Chilies: Chilischoten unterschiedlicher Größe, Farbe und Schärfe. S. 111.

Clambake: Eine Art Grillfest am Strand, in Neuengland sehr beliebt und von langer Tradition. Die ersten Siedler lernten von den Indianern, einen Grill am Strand zu bauen und Mais, Fische und Muscheln darauf zu rösten. Für den »Grill« wird ein tiefes Loch am Strand gegraben und mit Steinen und Holz gefüllt. Das Holz wird angezündet, darauf kommen weitere Steine, bis sie glühend-heiß sind. Auf die heißen Steine kommt Seetang und darauf die in Seetang gewickelten Zutaten. Der Seetang wird mit Meereswasser feucht gehalten, die Zutaten werden auf diese Art gedämpft.

Clams: Muscheln. In Amerika sind viele verschiedene Sorten bekannt und beliebt, neben den Clams auch die Scallops, beispielsweise die großen Jakobsmuscheln → Sea Scallops. Aus Neuengland und dem Golf von Mexiko kommen Quahag-Clams unterschiedlicher Größe, beispielsweise die kleinen »littlenecks« oder die etwas größeren »cherrystones«. Auch die feinen »softshell clams« und die »steamer clams« kommen aus dem Atlantik. Der Pazifik liefert unter anderem »manila clams«.

Codfish: Kabeljau. Er ist ein Speisefisch, der an der nördlichen Atlantikküste gefangen und frisch oder gesalzen und getrocknet (bei uns als Stockfisch bekannt) gegessen wird.

Conch: Große Meeresschnecken, die im Süden Floridas und in der Karibik beliebt sind.

Corn: Mais; ist das einzige heimische Getreide der Staaten. Es half den Pilgrim Fathers, den ersten Winter in der Neuen Welt zu überleben. Mais wird nicht nur als Gemüse gegessen, sondern auch zu Mehl vermahlen und vielfältig verwendet.

Crab: Krebs. Viele Krebsarten sind in Amerika bekannt. Die tellergroßen, weißfleischigen Dungeness Crabs leben in den kalten Gewässern der pazifischen Nordwestküste und Alaskas, sie bieten erstklassige Qualität. Chesapeake Crabs werden in der gleichnamigen Bucht am Atlantik gefangen (Virginia, Maryland). King Crabs sind Königskrabben und gehören zu den größten Vertretern der Familie. Bis zu 20 Pfund schwere Exemplare werden vor allem in Alaska gefangen. Stone-Crabs sind Kurzschwanzkrebse, die in Florida beliebt sind. Ihnen wird nach dem Fang lediglich eine der Scheren abgebrochen. Die Tiere werden zurück ins Meer geworfen, die Schere wächst binnen zwei Jahren nach. Soft Shell Crabs oder Weichschalenkrebse stammen aus dem Atlantik und werden hauptsächlich in Maryland und Virginia gefangen. Dort sind sie Vorboten auf den Frühling, denn es handelt sich nicht um eine Krebsart mit weicher Schale, sondern um Blaukrebse, die zwischen April und Mai ihre harten Schalen abwerfen, ein wenig wachsen und dann einen neuen Panzer bilden. Kurzzeitig sind sie also ohne Schalen und werden als Delikatessen verspeist. In Europa sind diese Krebse nur selten zu bekommen.

Cranberry: Eine Verwandte der Preiselbeere, aber größer. Als Kompott oder Relish ist sie eine typische Beilage zum Thanksgiving-Truthahn.

Crawfish: Süßwasserkrebse, die in den Sumpflandschaften Louisianas, den Bayous, reichlich gefangen werden.

Creole: Kreolisch; das ist der Küchenstil in New Orleans.

French Fries: Pommes frites. Die in Öl fritierten dünnen Kartoffelstangen sind als Beilage in ganz Amerika beliebt.

Grapefruits: Diese Frucht hat mal gelbes, mal rosafarbenes Fruchtfleisch und ist im Süden Amerikas weit verbreitet. In Florida und Texas gibt es riesige Grapefruit-Plantagen.

Grapes: Weintrauben. Sie werden pur gegessen, getrocknet oder für die Weinherstellung verwendet.

Grits: Maisbrei, der im Süden gerne zum Frühstück gegessen wird.

Happy Hour: Eine Art »Blaue Stunde«, meist zwischen 17 und 19 Uhr. Während dieser Zeit gibt es preiswerte Cocktails und oft kostenlose Knabbereien dazu.

Hominy: Maisgrütze, die aus gequollenen, enthülsten und entkeimten Maiskörnern hergestellt wird. Gehört im Süden Amerikas oft zum Frühstück.

Juice: Saft; es ist eines der beliebtesten Erfrischungsgetränke in Amerika.

Lime: Limette. Die grüne, vitaminreiche Verwandte der Zitrone ist vor allem in Florida beliebt. Auf den Keys wächst eine besonders aromatische kleine Sorte, die Key Lime.

Lobster: Hummer. Sie kommen hauptsächlich an der kanadischen und amerikanischen Ostküste vor. Die besten Exemplare stammen aus Maine.

Maple Syrup: Ahornsirup, S. 29.

Mint Julep: Berühmter Cocktail aus dem Süden, der mit Minze, Eis, Zuckersirup und Whiskey gemixt wird.

Muffins: Kleine Törtchen, die in einem speziellen Blech gebacken werden.

Okras: Okraschoten; sie sind ein etwa fingerlanges Schotengemüse, das aus Afrika stammt. Beim Kochen sondert es einen Schleim ab. Okras gehören in eine typische Gumbo, der Schleim sorgt dabei für die Bindung.

Oysters: Austern. An den südlichen Küsten der Staaten werden sie oft gegart serviert, da sie dort nicht so geschmacksintensiv sind. An der Atlantik- und Pazifikküste sind sie feiner und werden oft roh genossen.

Peanuts: Erdnüsse; S. 54.

Pecans: Pecannüsse; S. 123.

Pies: Süße oder pikante Kuchen, die meist mit einem Mürbeteigboden gebacken werden.

Rhubarb: Rhabarber. Er ist vor allem in Neuengland sehr beliebt.

Salmon: Lachs; es ist einer der beliebtesten Fische in Amerika. Der feinste ist der große »King-Salmon« aus dem Pazifik. Die Lachs-Hochburg ist Seattle.

Scallions: Frühlingszwiebeln.

Sea Scallops: Jakobsmuschel; S. 86.

Shrimps: Garnelen. In ganz Amerika werden sie in sehr unterschiedlichen Sorten und Größen gefangen.

Sourdough: Sauerteig; es ist ein in Alaska, Hawaii und im Westen der Staaten weit verbreitetes Treibmittel für Brote, Pfannkuchen und Waffeln. Früher nahmen die Pioniere und die Cowboys stets ein Glas Sauerteig mit auf ihren Weg, den sie immer wieder auffrischen konnten.

Spiny Lobster oder Florida Lobster: Eine Langustenart, die ein bis zwei Pfund schwer wird. Sie wird an der Westküste Floridas gefangen.

Squash: Kürbis, S. 59.

Stone Crabs: Krebsart; → Crabs.

Sweet Potato: Süßkartoffel; S. 73.

Tabasco: Scharfe Würzsauce aus Chilischoten; S. 111.

Taro: Auf Hawaii beliebte, stärkereiche Knollen eines Wurzelstockes, die mehrere Kilogramm schwer werden können. Die Zubereitung erfolgt ähnlich

Rezept- und Sachregister

Umschlag-Vorderseite: Das Bild zeigt einen großen Kürbis, einen Roast Turkey (S. 98), Maisbrot (S. 98) und einen Pecan Pie (S. 122) sowie Maiskolben.

Die Bilder ohne Bildunterschrift zeigen: Die Fotos auf Seite 4/5 von oben im Uhrzeigersinn: Einen Cowboy in Arizona (Bild 1), die Freiheitsstatue im Hafen von New York (Bild 2), einen Truckfahrer im Mittleren Westen (Bild 3), Schönheitsköniginnen in Arizona (Bild 4), eine Straßenmalerin in Südkalifornien (Bild 5), ein Musiker in New Orleans (Bild 6), ein Indianerjunge in Tracht in New Mexico (Bild 7). Das Foto auf Seite 8/9 zeigt ein Plakat mit Hollywood-Legenden in Los Angeles. Umschlag Rückseite: Das Bild zeigt zwei Cowboys beim Zusammentreiben der Rinder auf einer Ranch in Arizona.

Angela G. Grant

wurde in Washington geboren, wo sie auch aufwuchs und aufs College ging. Heute lebt und arbeitet die vielbeschäftigte Ernährungswissenschaftlerin in New York.

Schon früh ließ sie sich durch die Kochkünste ihrer Mutter für die amerikanische Küche begeistern. Auf ihren zahlreichen Reisen durch die Staaten begann sie bald aus privatem Vergnügen Rezepte zu sammeln, um sie zu Hause für ihren großen Freundeskreis auszuprobieren. Zum ersten Mal veröffentlicht Mrs. Grant nun die Originalrezepte aus ihrem Heimatland in diesem Buch.

FoodPhotography Eising

wird von Susie und Pete Eising geleitet. Sie studierten an der Fachakademie für Fotodesign in München und widmeten sich schon bald nach dem Studium ihrer gemeinsamen Passion für Eßkultur und Kochkunst. 1981 gründeten sie ihr eigenes Fotostudio für Foodfotografie. Auf zahlreichen Reisen vertieften sie ihre Kenntnisse über Küchen und Kultur anderer Länder und setzten ihre Eindrücke und Erfahrungen immer neu bei der Gestaltung und Realisierung ihrer Foodaufnahmen ein. Martina Görlach gehört schon seit vielen Jahren zum Team. Ulla Krause war bei diesem Buch zuständig für die Requisite. Die Aufnahmen für dieses Buch fotografierte Susie Eising. Fotografiert wurde auf Agfachrome 100 RS.

Werner Opitz

Der vielseitige Künstler wurde 1942 in Sprottau (Schlesien) geboren. Seine Kindheit verbrachte er in Hannover und Mühlheim a.d.Ruhr. Neben seiner Lehre als Tiefdruckretuscheur bei einem Verlag in Essen nahm er privaten Zeichenunterricht bei dem Essener Maler Fritz Rudert. Seit 1965 lebt er als freischaffender Künstler und Retuscheur in Düsseldorf. 1974 begann sich Werner Opitz der realistischen Acrylmalerei zu widmen. Seit 1983 hält er vor allem die faszinierende Vielseitigkeit der USA in seinen Bildern fest.

Dankeschön:

Für die Bereitstellung von Requisiten danken wir der Firma Polo Ralph Lauren.

Bildnachweis

Titelbild und Rezeptfotos: FoodPhotography Eising.
Die Fotografen der Bilder im Inhaltsverzeichnis, des Kapitels »Land & Leute laden ein...« und der Produktinformationen: Wilfried Becker, München: S. 22 (2)
Gesche M. Cordes, Hamburg: S. 4/5 (Bild 2)
Barbara Dombrowski/jd, München: S. 15
FoodPhotography Eising, München: S. 54, 73, 103, 123
Andreas Gross/jd, München: S. 8/9, 18 (2), 19, 111
Rainer Hackenberg, Köln: S. 4/5 (Bild 4, 5), 21 (oben)
Norbert Hein/jd, München: S. 24
Volkmar Janicke/jd, München: S. 17
Marion Müller, München: S. 4/5 (Bild 6, 7), 21 (unten)
Erhard Pansegrau, Berlin. S. 12 (oben), 13 (unten)
Birgit Rademacker, München: S. 14
Marton Radkai/jd, München: S. 10 (oben)
Silvestris Fotoservice, Kastl: S. 20
Paul Spierenburg, Kiel: S.4/5 (Bild 1,3), Rückseite, 11, 13 (oben), 23
Thomas Stankiewicz, München: S. 12 (unten), 16/17, 25 (oben)
Martin Thomas, Aachen: S. 10 (unten), 25 (unten), 59
Stockfood Eising, München: S. 29, 86

Impressum

© 1995 Gräfe und Unzer Verlag GmbH, München
Alle Rechte vorbehalten. Nachdruck, auch auszugsweise, sowie Verbreitung durch Film, Funk und Fernsehen, durch fotomechanische Wiedergabe, Tonträger und Datenverarbeitungssysteme jeder Art nur mit Genehmigung des Verlages.

Redaktion: Dr. Stephanie von Werz-Kovacs
Lektorat: Angela Hermann
Versuchsküche: Traute Hatterscheid, Barbara Hagman, Dorothea Henghuber, Christa Konrad-Seiter, Doris Leitner, Marianne Obermayr
Illustrationen: Werner Opitz
Rezeptfotos: FoodPhotography Eising
Herstellung: VerlagsService Neuberger & Schaumann GmbH, Heimstetten
Gestaltung: Konstantin Kern
Kartographie: Huber
Satz (DTP): Design-Typo-Print GmbH
Reproduktionen: Fotolito Longo, Bozen
Druck und Bindung: A. Mondadori Editore, Verona
ISBN 3-7742-2073-5
Auflage 5 4 3 2
Jahr   99 98 97 96